O QUE VOU DIZER EM CASA?

O QUE VOU DIZER EM CASA?

ER EM CASA ?

CÉLIA ALVES

1ª edição 2015

Copyright © 2015 Célia Alves

Todos os direitos reservados à
Pólen Produção Editorial Ltda.
Av. Brig. Luiz Antonio, 2050 cj. 81
São Paulo (SP) 01318-002
(11) 3675-6077
www.polenlivros.com.br

Grafia atualizada segundo o Acordo Ortográfico da Língua Portuguesa, de 1990, em vigor no Brasil desde 2009.

Projeto gráfico e capa
Raquel Matsushita

Diagramação
Cecilia Cangello | Entrelinha Design

Preparação de texto
Lizandra M. Almeida

Revisão de provas
Hed Ferri

Alves, Célia.
O que vou dizer em casa? / Célia Alves – 1ª. ed. – São Paulo: Pólen, 2015
136 p.

ISBN 978-85-98349-20-6

1. Crônicas. I. Título.

14-01752   CDD 869.4

À memória do meu pai e do meu irmão
À minha mãe
Ao meu marido, de todo o tempo, e aos meus filhos

SUMÁRIO

9 Fogo alto
13 Profissão: malabarista
17 Escova regressiva
21 Sair do armário
27 Desculpa falar
31 Que merda
41 Cinderela
47 O que vou dizer em casa?
51 Primavera
55 Noite, dia
59 O leite de Laura
63 Juca, Lobão e Bocanegra
69 Minha cidade
73 Estrada perdida
75 O brick das inglesas
81 Vermelho Ferrari
87 Foco
91 Sílvia Cristina, do Rio de Janeiro
97 Piques
99 Cadeira de balanço
103 Montezuma
107 Mantinha de lã
111 Biscoito de vó
115 Alceu, serviços
119 Colher de chá
125 Estreia
129 All'improvviso

135 *Sobre a autora*

FOGO ALTO

Convidei o Lucas para jantar em casa — já tínhamos ido a todas as exposições da cidade, aos bons filmes e a inúmeros restaurantes. Na verdade, não tinha rolado nada mais *caliente*, só uns beijinhos, abraços e muito papo-cabeça. Comecei a ficar encucada, não com a conversa mas com a falta de pele com pele, lábios mordiscados, corpos suando, enfim, carícias íntimas.

Será que não desperto nada nele, como mulher? Ou é tímido e está esperando minha iniciativa? Ou ainda é daqueles que preferem conhecer melhor para ir se aproximando aos poucos? Então resolvi me arrumar mais, ir à manicure, unhas vermelhas, escova nos cabelos, depilação com cera egípcia — preservando a mata virgem.

Telefonei e, peremptória, anunciei: "Vou fazer um jantarzinho aqui para nós dois".

Procura que procura a melhor receita e, depois de uma boa pesquisa, os ingredientes afro — quero dizer afrodisíacos — não poderiam faltar. Peguei as receitas de Nina Loscalzo no *Fogo Alto* e fui me inspirando:

9

ostras de entrada, improvisei os camarões na folha de bananeira salpicados de castanha, pimenta dedo-de--moça e coentro, acompanhados de arroz de jasmim; de sobremesa, segui à risca o malabie com damasco, miski e água de rosas. Ainda, vinho branco gelado em baldes e, sob o prato do meu conviva, um poema de Omar Khayyam enaltecendo os eflúvios de Baco no instante do amor. Luz, só de velas, flores por toda a casa.

Já era a hora de me arrumar e confesso que hesitei entre uma coisa mais simplesinha, uma camisa semi--abotoada, um fio de pérolas ingênuo sobre a fenda do busto enaltecida pelo sutiã turbinado, ou mostrar logo a que vinha: uma camisola preta transparente, sem nada por baixo.

Não, assim também era demais. Mais uma pesquisa, agora no armário, e descubro uma blusa rendada preta com decote generoso. Saia ou calça? E por que não um jeans comprado no Rio de Janeiro, aquele das *cachorras* de baile funk, como quem não quer nada? Afinal, estaria em minha casa. Não, justo demais, podia dar muito trabalho. Melhor uma saia, mas cadê? E se cortasse a camisola e usasse a parte de baixo com a tal blusa? Para completar, a calcinha preta também de renda. Desisti do salto, estava muito vestida para matar; melhor matar um pouco o traje e colocar uma sandalhinha rasteira, para dar um ar de mais à vontade...

Maquiagem pouca mas certeira, olhos valorizados e boca com leve brilho.

Já pronta, começou meu suplício: a cada brecada de carro, a cada batida de porta, eu me colava no olho mágico para ver se era o Júlio. Ia à cozinha e tudo já estava pronto, consegui, nem sei como, me organizar para que estivesse fácil e à mão. Então achei melhor começar a beber. Nina Simone ao fundo e lá vamos nós. Mais uma borrifada de lavanda nos lençóis, não sei quantos mil fios, comprados em muitas no cartão. Começo a dançar e, rodopiando, piso na barra da ex--camisola, que rasga até o joelho. Sem duvidar, pego a tesoura e rapidamente a transformo numa míni, mais sensual e vulgar. Aproveito para carregar no batom, soltar o cabelo e calçar o salto alto.

Lucas toca a campainha e, antes de entrar, me apresenta Ademir, seu amigo de seminário que estava em São Paulo justamente para ver como o colega reagia aos primeiros meses de abandono da batina.

Sem saber onde pôr as pernas, os peitos e as mãos, convido-os a entrar e ofereço o vinho, em nome do Senhor.

PROFISSÃO: MALABARISTA

O Dia das Mães ia chegar e eu estava de olho num casaco para presentear a minha. Nessa época, eu havia optado por largar meu trabalho e ficar em casa com os quatro filhos. Com o dinheiro minguando, decidi fazer arranjos de flores. Liguei para alguns amigos anunciando o novo ramo, que me garantiria um extra para esses eventuais mimos.

No Ceasa, descobri um mundo de cores e aromas acordando minhas novas madrugadas. Encontrava pessoas não dormidas, mas sempre dispostas, expondo seus produtos com o cuidado e a dedicação de quem sabe que não pode perder uma pétala sequer. Algumas espécies únicas, em embalagens e recipientes desenvolvidos especialmente para elas. Folhagens em texturas e degradeés completamente inusitadas para uma urbanoide como eu. Galhos, cipós de tudo quanto é tipo, orquídeas que nos convidavam a uma verdadeira viagem através de seus pistilos e espécies exóticas vindas de vários lugares do mundo — isso para falar somente da área de corte, sem contar a maravilha de ver carnívoras devorando

13

insetos ali à nossa frente; as minissuculentas em seus diversos tons, do azul ao rosáceo; as aquáticas, eternizadas por Monet; palmeiras com mais de cinco metros de altura; pândanus com suas imensas raízes expostas e rombudas — verdadeiros monstros prontos a nos perseguir em plena manhã; frutíferas e floríferas produzindo em todo o seu esplendor.

Amigos, ligados ao teatro, viram nas caixinhas de temperos que eu plantava um ótimo presente para as estreias, acreditando no poder energético e na força das ervas contra o mau-olhado. Então desvirtuei um pouco o projeto original para atender a esses pedidos. Priorizei guinés, alecrins, alhos e manjericão. Afinal, *que las hay, las hay!*

Logo me vi equilibrando papas, cocôs, choros, fraldas e chupetas com eventos de grandes firmas e restaurantes. Buquês de noivas, flores com declarações de amor, condolências e por aí afora. Ah, o texto dos cartões também, muitas vezes, ficava por minha conta, o que me levou a reler Dylan Thomas, Vinícius e tantos outros para preparar a mensagem adequada para cada ocasião.

O telefone não parava de tocar e aos poucos percebi o enrosco em que havia me metido: quase não tinha tempo para as crianças, nem para mim. Usurpei um pedaço do nosso terraço para o "atelier" improvisado: minha vida estava ficando de cabeça pra baixo, do jeitinho que eu não queria. Além de estressada com a rotina doméstica, vivia preocupada com a pontualidade das entregas, a estética dos arranjos, as tratativas com clientes e com a procura, que aumentava. Comecei a acreditar no negócio e resolvi ligar para uma revista divulgando meu novo produto — "caixinha de ervas" — para a tal data. Em três dias vendi mais de duzentas unidades e, embora o lucro tenha sido maior que o previsível, tive de me desdobrar no atendimento de cada um que vinha buscar sua encomenda no meio do apartamento cada vez mais caótico, com crianças, carrinhos, cadeirões, flores, mudas, embalagens, papel de seda, fitas. Enfim, tudo uma grande bagunça e, até a véspera da data, com tanta entrega, eu não havia comprado o presente de minha mãe.

Os shoppings já estavam fechando e só me restava esperar pelo dia seguinte. Lembrei-me de que, aos domingos, eles só abriam às duas da tarde. Não era problema, afinal, até conseguir arrumar os filhos, nunca conseguia sair antes desse horário. Melhor irmos todos juntos, pensei. Enquanto a família me esperava no estacionamento, compraria o casaco para ela, com a graninha viva que eu tinha em mãos. Como um flash, entrei na loja e, para minha decepção, o único exemplar em estoque era três números menor do que o de minha mãe.

— Que droga! E agora?

Não tinha a menor ideia. O mais decepcionante é que já tinha aventado a ela a hipótese do casaco com a grande gola. Desci as escadas e tentei achar alguma coisa parecida em outras duas lojas, mas o que eu ouvia era: "Tivemos muitos, senhora, mas a essa hora...", num tom bastante irônico, agressivo. De fato, já eram duas e meia, mas não me conformava em ficar sem a peça. Uma blusa de seda, um sapato? Difícil, não conseguia me decidir por nada. Quase três da tarde! Resolvi comprar uma medalha, na qual gravaria, em outro dia, meu nome com uma declaração carinhosa. No carro, as crianças urravam de fome e meu marido, de raiva.

À mesa, sentados, entreguei a caixinha à minha mãe e percebi um certo desapontamento, embora fosse uma joia. Não que ela não gostasse, mas preferia coisas mais exuberantes, pulseiras largas, gargantilhas pesadas. Engoli a última garfada da sua impecável comida árabe, mas não a minha frustração por ter corrido tanto e não ter conseguido encontrar o presente que havia sido o mote de toda a mudança que fiz na minha vida. Já na sobremesa, meu marido, menos nervoso, pegou na minha mão e baixinho sussurrou: "Fica para o próximo, valeu seu empenho. Você cresceu e arranjou outra profissão".

Assustei-me: "Outra profissão"?

À noite, exausta, pensava se era isso o que eu queria para minha vida. Acho que não era, embora estivesse encantada com o sucesso do trabalho, com o dinheiro e, por que não dizer, com aquela balbúrdia toda. A verdade é que foi o que fiz durante muitos anos e, apesar de ter ramificado para outros galhos, copas e frutos, não raro me vejo às voltas com pedidos de caixinhas e buquês.

ESCOVA REGRESSIVA

De saltinho e minissaia, eu colocava minhas mechas cacheadas sobre a tábua de passar, e a empregada ou uma amiga, com o ferro quente, esticava a cabeleira. Era temerário, mas várias de nós lançávamos mão desse procedimento que, tenho certeza, é o pai das chapinhas e escovas regressivas, como eu as chamo. Inútil! Depois dos primeiros volteios na pista, os fios se encrespavam e armavam. Eu, ao contrário, minguava, perdia o brilho que, acho, nem tinha; morria de inveja da Sandra, cabelo liso até o ombro, alta, dona do seu nariz afilado. Éramos grandes amigas. Ela podia dormir na minha casa e na de outras; eu não. Nem isso, nem acampar, nem piquenique, nem nada. Mas os bailinhos estavam garantidos. Afinal, todo sábado meu irmão e seu amigo os organizavam na casa do Pachá, na vila de jornalistas onde morávamos.

Típico dos anos sessenta, as cadeiras postas em U na sala que recebia a *pick-up* portátil, a cuba libre, que as meninas não tomavam, e uns espetinhos no abacaxi com cereja, azeitona e salsicha. Sandra e eu ficávamos sentadas, enquanto os garotos do outro lado, em pé em suas rodinhas, nos olhavam e faziam seus comentários. Eu, feiosa, com medo de não ser tirada pra dançar. Meu irmão, olhar vigilante e autoritário sobre mim — verdadeira tortura — que se dissipava um pouco quando o garoto de que eu gostava, num drible de mestre, me tirava para abrirmos o baile. Mais velho, bonito, charmoso e inteligente, João falava francês. Ou pelo menos sussurrava quente na minha nuca *Michelle, ma belle,* com os Beatles de coadjuvantes. Uma corrente lúbrica percorria zonas do meu corpo que eu ainda mal conhecia. Olhando de esguelha, torcia para que o "discotecário" voltasse a agulha na mesma faixa.

Terminada a música, cada um ia para o seu canto, até que outras canções nos entusiasmassem, ou melhor, a ele, para que novamente viesse me tirar. Sempre a eles, a iniciativa. Sandra às vezes se inquietava. Era mais bonita, mais exuberante, mas dançava menos, talvez fosse muito alta. Nos rocks e twists, modéstia à parte, eu desempenhava bem. Claro, ficava horas à frente do espelho ensaiando sozinha e até mesmo com meu irmão, que às vezes me ensinava. Ele, sim, sabia muito, já tinha até frequentado a Madame Poças Leitão, uma senhora quatrocentona que tinha uma escola de dança e, para não perder o público jovem, ensinava os ritmos dos anos sessenta.

João e eu conseguíamos escapar do salão para ver a lua boiando no envidraçado do terraço. Ouvíamos *Ma vie* e sua língua explorava o meu céu e meus lábios, num verdadeiro curto-circuito, *cheek to cheek*, com seu suor colado no meu rosto e no meu cabelo. Sua voz rouquenha me traduzia que eu era sua Michelle, e que "meu meigo olhar fazia o seu brilhar como nenhum"... Fui aprender francês por causa dele. No melhor da hora porém, tinha que estar em casa e meu irmão acenava para mim — era ciúme ou absoluto compromisso com meus pais? João se despedia dizendo *au revoir, ma petite*, deslizando sua mão, também suada, no meu pescoço.

Mudos, meu irmão e eu, atravessávamos a rua da vila, ele voltava para a festa, até o clarear do dia; eu, sozinha na cama, cabelo e corpo eriçados, ansiava pelo sábado seguinte.

∽

SAIR DO ARMÁRIO

Todo começo de ano eu resolvo arrumar meu quarto. Em uma certa época, minha prima me ajudava, condoída pela minha dificuldade de me organizar. Chegava e, deparando com tantas coisas velhas, dizia:

— Isso precisa sair do armário. Há quanto tempo você não usa?

— Muito, mas sei que um dia... a moda volta. De mais a mais, o tecido é bom, o corte é impecável. Ah, essa, eu comprei numa viagem, esta outra eu ganhei quando começamos o namoro.

Tinha também a desculpa do trabalho com teatro-educação, dos jogos de improviso com grupos, das encenações no palco, e assim ia acumulando. Não que eu seja uma acumuladora compulsiva, no sentido patológico, embora tenha cansado de pegar velharias como lustres, vitrais, mesinhas em lixos alheios. Mas todos tiveram destino e função; um deles ilumina minha sala há décadas. O problema maior são as roupas e bugiganguinhas, caixas, latas, bottons de shows, diários de adolescente, cartas de ex-namorados, folhas secas, pétalas de um dia muito especial.

Pois bem, as relações com minha prima ficaram meio esquisitas e fui obrigada a me virar sozinha. Pesava contra mim, também, o fato de que sempre admirei pessoas ordeiras e muitas vezes, ao visitar suas casas, me sentia uma incapacitada, uma idiota sem praticidade. E não foram poucas as vezes em que documentos tiveram que ser tirados pela segunda, terceira vez, livros comprados novamente, carteiras perdidas misturadas a toalhas de banho, montes de papel, agendas, cadernos, textos, projetos, galhos de cipó, pedrinha, caco de louça encontrado na praia, remanescentes de um grande naufrágio na Ilhabela, tudo misturado, abarrotando gavetas e mesas. Roupas sobrepostas a envergar cabides, inúmeras bolsas enfiadas em sacolas. O mais chato disso tudo é que acabei ganhando a pecha de desorganizada, cunhada pelos meus filhos. Meu marido nunca se importou e sei que para ele isso é indiferente.

"Nesta casa faltam armários", até hoje minha mãe me diz ao chegar, e meu pai preferia descer para tomar um cafezinho na padaria a ter que ficar na sala no meio da bagunça de brinquedos, fraldas, carrinhos, bonecas e trenzinhos. Eu o achava intransigente, hoje o entendo.

Mas, voltando à arrumação do quarto — e como nessa casa não tem armários — as fotos e lembranças costumam ficar no meu guarda-roupa, juntinho de tudo; então, despreparada, me peguei garotinha no colo de meu pai, com a bola de pelúcia colorida, noutra meu irmão e eu, nos nossos seis e dez anos, muito arrumadinhos para o casamento de minha prima Marlene — queria ser sua daminha. A grande festa no salão do Banespa, minha mãe e minhas tias enchapeladas com as taças de champanhe numa mão, na outra vistosas pulseiras e piteiras com cigarros transgressores da década de cinquenta. Em outra caixa, os lenços indianos que eu usava como turbante ainda cheirando a patchouli. Lembro-me dos espetáculos iconoclastas *Hair* e *Rito do Amor Selvagem*, com Zé Celso e todo mundo nu, e eu quase. Meu deus, ainda falta tudo, as calças pretas, os jeans, as camisas brancas. Sim por cores, ótimo critério, minha prima me ensinou. Em cima os vestidos menos usáveis, em baixo — fácil acesso — as malhas, saias e camisetas. Não, melhor as camisas em baixo, que eu uso mais, mas não tem cabide para tudo. Ah, esse também é outro entrave, não tenho mais dos amarelos. Saio pra comprar outros iguais? Ou termino assim e depois arrumo de uma vez? Embolar tudo de novo? Acho que nem fabricam mais os amarelos e Dóris já me dizia: eles têm que ser iguais, isso é importantíssimo, ajuda a uniformizar e fazer a leitura rápida do armário. Quantas nuances!

Nossa, daqui a pouco eles chegam para o almoço.

Tudo em cima da cama, sapatos, capotes, sacolas, xales, vestido de festa, de noiva, todos por guardar e me pergunto: onde? Ainda dobrando, enrolando, pendurando e me afligia porque já era quase uma hora, a perua ia trazê-los e o que eu faço de comida? Será que levo no McDonald's e dou a desculpa de uma segunda--feira especial para eles? Não, melhor ir logo dizendo a verdade: isso aqui tá uma bagunça e eu preciso de um tempo para arrumar. O pior é que sei que não termino hoje nem a pau. Já estou vendo a roupa na cama a tarde inteira, marido chegando e depois ter de socar tudo na cadeira para poder dormir. Quanta incompetência... preciso de armários!

Voltamos do Mc e as crianças se deliciam com a bagunça, se atiram nas roupas e descobrem colares, camisolas, cangas. As meninas fantasiam os pequenos de havaianinhas, com pareôs, fazem fotos que até hoje eles execram, e se vestem de mamãe e papai; entro no clima e vou de vovozinha, chapeuzinho e lobo mau. Dali a pouco é hora do lanche com pipoca, véus, cabana e bolo. Que delícia, mas já são quase sete da noite. Tudo está pior do que antes...

O papai de verdade chega e me ajuda com banho, leite, história e caminha. Exausta, espalho tudo nas cadeiras que empresto da sala. Dormimos felizes e, na manhã seguinte, perua, escola, dentista, comida, trabalho, flores, espinhos e por mais de um mês as roupas continuam nas cadeiras. Organizo por estação:

primavera, verão, inverno e com o outono todo caído no chão do quarto, no dia seguinte ligo para minha prima, que me atende prontamente.

DESCULPA FALAR

— Boa tarde, vamos para o Pacaembu.
— Ih, tá tudo parado por lá.
— É? Fazer o quê? Em alguma hora tenho que chegar. Percebi que o senhor passou mais de uma vez, não queria pegar passageiro?
— Desculpa falar, mas com esse trânsito e esse calor, às vezes nem dá vontade de pegar gente assim, com muita sacola. Sei que no fim sobra pra mim.
— Como assim?
— Tenho problema de coluna e no final da corrida tenho que me levantar, ajudar, às vezes levar as compras até o portão, quando não entrar em casa. Até em sala, já entrei.
— Nossa, aí já é demais. Mas, às vezes, uma gentileza não custa.
— É, desculpa falar, mas geralmente mulher é encrenca. Vou falar mais uma também: várias vezes já aconteceu dessas madames entrarem no carro, ficarem a viagem inteira falando no celular com amiga, o que comprou, o que deixou de comprar, abrem pacote

27

pra conferir preço, gastam uma fortuna, quase minha tirada anual e na chegada pedem ajuda para descarregar as sacolas. Eu perco o meu tempo, e na hora de pagar regulam corridinha micha, de quinze, dezessete reais, dão nota de vinte e ficam esperando o troco. Ora, isso é que é ser muquirana! Elas entram nesses shoppings de grã-fina e vêm dar uma de miserável pra cima de mim. Ah, não! Então é por isso que eu já nem paro, pode estar chovendo canivete, num tô nem aí.

— Ah, mas nem todas são assim, não é mesmo?

— Prefiro pegar homem, pelo menos são mais generosos, não ficam com picuinha na hora da conta. Tem mais, com mulher é um tal de: "Daria pra desligar o ar condicionado, tá muito frio aqui" ou então o contrário, com as mais coroas "Daria pra ligar o ar, isso aqui tá uma fornalha". Às vezes também quero abrir um pouco o vidro pra me livrar do perfume enjoado, doce que só; o seu não, que até que é fraco, mas tem uns que ficam mais de semana encravado aqui nos bancos. Chega outro passageiro e reclama, com razão, né? Mas madame não deixa abrir nem uma frestinha de medo de ladrão... medo de ladrão! Medo elas têm que ter é nas mansões que elas moram, aqui não. O que que vão roubar no táxi, as compras? O meu troco? E tem mais, se der mole eu já pego meu tresoitão aqui no porta-luvas e passo fogo, num quero nem saber.

— Nossa, o senhor anda armado? Puxa, esqueci de avisar, tinha que ter virado à direita aqui, agora temos que pegar o buraco e ir pela doutor Arnaldo, que deve estar um inferno.

— Não se preocupe, dona, viro atrás do cemitério e vamos por dentro.

— Ai, que bom, porque estou atrasada.

— Ah, tem isso também, desculpa falar, mas as madames entram e sempre têm que voar, sempre estão atrasadas, atrasadas pra quê? Estão com a vida ganha, de cara já podem pagar táxi, têm marido rico, filho em escola, empregada que faz tudo na casa, cabeleireiro; imagine eu, eu sim que dependo de cada corridinha dessa pra poder levar um troco pro almoço, pra janta, pagar o patrão e ainda ouvir reclamação da mulher.

— É verdade, não é fácil mesmo, mas é a vida. Todos temos trabalhos e uns são mais difíceis do que os outros.

— Mas a senhora não trabalha, né?

— Trabalho sim.

— Achei que não.

— Por quê?

— Sei lá, a senhora tem uma aparência, assim, de quem não faz nada, um jeito... não sei.

— De madame?

— Ah é, desculpa falar, mas, então posso perguntar o que a senhora faz?

— Vamos ver se o senhor descobre.

— Hum... advogada?

— Não.

— Trabalha numa multinacional?

— Também não. Sou chefe de enfermagem da UTI do HC.
— Do quê?
— Do Hospital das Clínicas.
— Nossa, trabalha com doentes? Pesado, né?
— Sim, bastante, mas pelo jeito a aparência é... Aqui, aqui, à direita por favor, já é minha rua, pode virar, nossa! Já íamos perder de novo, chegamos, pode parar.
— Aqui é sua casa? Eu já cansei de pegar uns garotos que moram aqui. São seus filhos?
— Sim, sim.
— Entraram no vestibular?
— O senhor sabia?
— É, a gente conversava. Eu torci, manda um abraço.
— Quanto deu? Está aqui, ó, não precisa do troco.
— Não, a senhora não me leve a mal naquilo que eu falei. Um momentinho, eu ajudo a senhora a carregar as sacolas.
— Não, imagine. E a sua coluna?
— Ah, não é por nada, hoje tô bem melhor.

QUE MERDA

— Que merda, como vou abrir isso agora? Com meu estojinho de unhas, acreditei que me salvaria. Nada. Olhei o vitrô e vi que, nem que eu fosse muito mais magra, jamais conseguiria passar.

— Alex, Alex! Socorro! Tô presa no banheiro, por favor me tira daqui... Alex, Alex, você está me ouvindo?... Tem alguém aí? Tô presa!

Nem eco, no pequeno espaço de paredes frias e da louça do banheiro. Por que não fui com eles? Ainda se a janela desse para a rua... Mesmo assim dei uns pulos para ver se alcançava com os olhos, quem sabe alguém no terreno baldio?

— Socorro, alguém me ouve?

Subir na pia, nem pensar. Pode quebrar, que medo... e do que adiantaria?

Bem, daqui a pouco meus amigos vão me ligar, quem sabe eles imaginam que estou presa e por isso não chego. Não, eles vão pensar que mais uma vez furei com eles, e com razão. Por que eu não trouxe o celular? O que que eu faço agora? Nem revista, nem jornal, só a página de ontem dos cinemas e teatros que eu ia ver neste fim de semana, pois sim... Três dias micada aqui, eu vou enlouquecer. Que azar! Não, pera aí, eu vou ter que encarar. Vou ter que esperar a hora do Alex entrar na rua, e aí sim, começar a gritar; depois, alcançar a janela. Mas de que jeito? Só se eu arrastar o vaso sanitário, ele já está meio bambo mesmo. Foi então que tentei desparafusá-lo sem chave de fenda. Engrossei minha espátula de unha com papel higiênico para encaixar no largo parafuso e na primeira tentativa ela se quebrou. Eu tô louca! Tirar o vaso sanitário e depois fazer o quê? E se a água sair toda pra fora? Inunda tudo?

Inconformada, comecei a socar a porta, com a mão embrulhada numa toalha, esmurrando-a por alguns minutos, até ficar exausta e cair num choro prolongado, antevendo o que se anunciava. Levantei-me, lavei o rosto e pensei em me acalmar com alguma atividade peculiar ao ambiente em que, na melhor das hipóteses, passaria algumas horas.

Boa ideia: vou tingir o cabelo e, enquanto a tinta age, aproveito para fazer uma limpeza de pele, isso mesmo... Não, essa concomitância é pra quando eu não tenho tempo, agora é uma coisa por vez, que é como as coisas deveriam ser. E não é isso que eu venho precisando e querendo buscar no meu dia a dia: "cada coisa na sua hora"? Nada acontece por acaso, e quem sabe...? Ah, não, que babaca, já estou parecendo uma Poliana. Então, primeiro tingir e depois limpeza? Ou o contrário? Que dúvida!

Melhor a tintura, e já que eu tô mais pra urubu, vou de preto: é, vamos mudar, sempre quis, vou encarar. Ih, será que o tubo tá na validade? Ah, essas coisas não têm problema, desconfio disso porque é uma maneira de nos venderem mais, desatualizando certos produtos que, com certeza, não trazem nenhum dano se passarem do prazo. E, na situação em que me encontro, o que tiver tá bom.

Coloquei as luvas e comecei o ritual. Primeiro a raiz, depois as pontas, sobrancelha e, por que não?, tenho tempo suficiente: a xoxota. Sim, há tempos já surgiram os primeiros fios brancos e sempre quis experimentar. Isolei a área com algodão, vaselina na virilha e pronto.

Nossa, mas e se pintar uma alergia, o que é que eu faço? Ih... deve ter antialérgico na maletinha.

Sem relógio, não posso deixar passar dos quarenta minutos. Mas e os virgens, de baixo?

Lembrei-me de que nessa hora sempre pegava o telefone e conversava com uma amiga do Rio. Agora, vou fazer hora com o quê? Puta, que saco, e o negócio nem começou...

Melhor guardar a limpeza de pele para o dia seguinte: isso mesmo, domingo, dia bom para tratamentos de beauté e relax. Relax? Sou doidinha mesmo.

Não, amanhã eu não estou mais aqui, se não eu me mato, tenho que sair, alguém vai me salvar.

Comecei a chamar por socorro, meus gritos saíam pela janela que não dá para lugar nenhum.

Preciso de calma e não posso nem me sentar, vou manchar toda a bacia. Se já se passaram os quinze minutos, os grandes lábios vão apitar, vou tirar já.

Com a mangueirinha, percebi o sucesso da operação. Uau, gostei muito, marido também vai gostar... e estranhar.

Entrei no chuveiro, lavei a cabeça.

Nossa! Sou uma mulher nova. Envelheci ou remocei? O que importa isso agora, meu deus? Com maquiagem, batom, vai ficar bom; vou cortar a franja — renovação — sabe lá, as oportunidades surgem, como era aquela música do Geraldo Vandré? *Quem sabe faz a hora...*

Sentei no chão do box, cara a cara com minha nova xoxota, e deixei a água cair sobre mim e minha cabeça enquanto minhas lágrimas corriam para o ralo.

— Alguém me tira daqui, alguém me tira... por favor.

E fui me dando conta de que ninguém me tiraria. Tinha que me controlar.

Fiz escova na franja (a de cima, claro), e aproveitei para me aquecer com o secador, percebi que ia sentir frio.

Onde vou dormir e como? Sem nenhum travesseiro — ai, meu pescoço — mal caibo nesse cubículo.

— Alex, Alex, socorro, tô presa, socorro, por favor me tira daqui, Alex!

Recomecei a socar a porta com o pé, chorando, sabendo que ninguém me tiraria de lá, até eles voltarem.

Não posso ficar assim, tenho que ser zen agora, quem sabe um pouco de respiração pra fazer chegar o sono. Sentei em lótus no chão e, espremida, vi que não ia dar; melhor, na tábua da bacia. Comecei exercícios de inspira em dois, expira em quatro, e por aí afora. Lembrei dos gurus. Logo saí da postura e peguei as duas páginas de jornal da programação de cinema e teatro, meu deus, tanta coisa pra ver, tudo o que eu queria pra esse fim de semana.

E se eu tomasse o antialérgico? Pode ser uma boa, ajuda a dormir... Mas fico muito dopada e nesse estado, sozinha, pode ser pior.

Bem, vamos ter que nos enfrentar: eu e eu. Nem um lápis, uma caneta. O de maquiagem serve, mas e o papel? O higiênico! Droga não desliza. A margem do jornal. Pra escrever o quê? Que eu tô de saco cheio, quero sair daqui agora.

— Socorro, socorro, Alex, Alex... SOCORROOO-OOO!

Com o secador tentei secar a toalha, a única do banheiro, que tinha usado depois da tintura. Mas ele começou a falhar — essa merda não pode ficar muito tempo ligada! Forrei o chão com o jornal e o cobri com a toalha de rosto, deitei-me esticando a de banho, ainda úmida, sobre mim.

Apaguei a luz e tentei por horas pegar no sono. Todos os tipos de pensamento vieram, lembrei do meu pai, das crianças pequenas, a filha que está fora, imaginei os outros e Roberto na Ilhabela se refestelando naquela paisagem.

E minha mãe onde estaria? Por que não me telefona? Deve estar no jogo, só vai me ligar no domingo. E daí? Não vou poder atender mesmo... Vai achar que eu tô de boa, na minha...

Como o sono não vinha, resolvi fazer as unhas. Vermelho com cabelo preto vai ficar bom. Pelo menos fico arrumada pro domingo. Vou fazer aquela de listrinha, tenho tempo mesmo... Uia, que capricho, podia até ganhar dinheiro com isso, muito melhor do que na manicure, que pinta até a cutícula. Agora é melhor ficar sentada enquanto seca, assim o sono me pega desprevenida.

Não me pegou, resolvi fazer uma dobradura, com o forro da minha nova "cama", a única folha de jornal.

Ih, vai estragar a unha! Dane-se, faço de novo, tenho tempo.

Fiz tsurus, flor de lótus e barquinhos. Peguei fio dental e amarrei-os na luminária, já estava começando a customizar o local da minha estadia. Olhando para eles, que se moviam como móbiles, comecei a entoar um mantra que aprendi num curso de meditação nos anos sessenta. Incrível! Fui relaxando, apaguei a luz e adormeci por um tempo, não sei quanto, até que acordei — ou ainda dormia? Todos os pensamentos voltaram com outros mais cavernosos:

E se um rato aparece aqui? Não, pior, uma cobra. O que é pior, rato ou cobra? Meu deus, só me falta essa agora!

Acendi a luz e um pouco de mantra *om mana shivaya*, terceiro olho, *om mana shivaya*, anos sessenta ou setenta?

Mãinha, por que você não me liga e desconfia que estou presa? Dessa vez é diferente, eu quero que você me telefone e me pergunte onde estou, com quem estou, por que estou... Me liga por favor, procure saber de mim... Nossa, tá clareando, quem sabe essa luz traz uma luz?

— Alex, Alex, você tá aí! Socorro, tô presa, tô presa no banheiro da minha casa!

Comecei a bater na porta e quase machuquei a mão.

Preciso ir ao banheiro, não sinto a menor vontade, mas é de manhã, eu tenho que ir. Eu devia ter tomado o laxante ontem à noite, preciso comer, que droga não tem nada aqui, nem uma maçã, meu deus, e se eu desmaio aqui sozinha, minha pressão cai, vou morrer, eles vão chegar, e eu mortinha.

Quer saber? Vou tomar laxante mesmo, há dias que eu ando querendo fazer uma boa limpeza intestinal e posso ficar o dia inteiro, literalmente, desculpe o termo, cagando.

37

Enquanto esperava fazer o efeito, nova investida contra a porta, agora com pontapés, chorando e gritando: Por que raios eu fui ficar presa? Eu não acredito! O domingo inteiro aqui, sozinha, ninguém se dá conta de que eu não atendo telefone, de que eu não estou em lugar nenhum? Eles não se falam entre eles? Posso morrer mesmo, ninguém vai perceber, só depois de quatro, cinco dias, que droga, eu nem devia ter nascido. Minha filha lá longe... vai ter que pegar avião... eu nesse gelado!

Ai, que cólica, são os primeiros sinais.

Veio a primeira descarga intestinal, que alívio!

Bem, devem ser umas dez horas da manhã, o que é que eu vou fazer o dia inteiro? Ah, a limpeza de pele. Ainda bem que sempre sigo a máxima: "Deixe para amanhã o que pode fazer hoje". Vapor bem quente no rosto, vinte minutos.

Ao longe, ouvi o telefone.

Ai, meu deus, eles vão começar a perceber algum mistério: não fui ao encontro ontem à noite, hoje não atendo. O pior é que eles pensam que eu estou curtindo: passeando sozinha, fazendo caminhadas no parque, sem celular, dormindo, comendo à hora que quer, sem compromisso... Não percebem que, desde ontem à noitinha, não respondo nada? Meu deus, mas não é nem meio-dia! Quem será que está ligando? As pessoas não são insistentes, não vão tirar isso a limpo? Não se dão conta?

Meu rosto começou a arder, acho que queimou.

Tô sem noção de perigo. Creme hidratante, já. Nada de máscara, nada de nada, que sufoco, o melhor é o Nívea da latinha, cadê???

Compressa de chá nos olhos, mas cadê o chá? Não, não tenho cabeça pra ficar de olho fechado, relaxando, relaxando... do quê? Vou esperar as doze badaladas da igreja e começar a gritar com força, vou fazer uns vocalizes primeiro: Carômiobem, carômiômiômiôbem, caarômiiiobemmmmmm.

Incrível, a voz tá ficando límpida.

— Socorro, socorrro, alguém aí? Socorro... Ai, meu intestino, de novo, não, não posso mais ir ao banheiro, se não vou desmilinguir.

Que sede! Que fome! Tô fraca, por que tomei essa merda?

Deságuo todas as minhas águas. Tomei mais um banho morno e acho que dormi, quando dei por mim já estava escuro.

Ufa, que bom, quem sabe eles voltam agora

Pensei: a gente sempre volta um dia antes, por que justo neste feriado resolveram ficar até segunda? Será que não pensam que eu posso estar presa, sem telefonar pra eles um dia sequer? Meu deus, que desapego! Desnaturados, todos. Eu, aqui, fodida, e eles lá, se divertindo. Por que inventei de ir ao teatro? Por que não fui com eles nesse programa tão família?

De novo desatei no choro, o corpo tremeu. Com muito frio, abri o chuveiro no máximo da temperatura.

No cubículo totalmente esfumaçado, escrevia e apagava: "Amo vocês", "Que merda", "Se eu morrer..."

Ouvi o barulho da porta de cima sendo aberta, o cachorro latindo, a pisada vigorosa de pés adolescentes na escada:

— Mãe, Mãe...

Eram eles! Eram mesmo eles!

Eu, socando a porta:

— Tô presa aqui, me tirem logo.

Todos acorreram, perguntando se eu estava bem. Achei que teriam de chamar o chaveiro, mas era demais esperar! Foi então que meus três homens pediram para eu sair de trás da porta e, num só golpe a derrubaram, estilhaçando até o box.

— Mãe?

∽

CINDERELA

— Bom dia, tudo bem?
— Tudo, e você?
— Manhã linda, né? Já está cuidando das flores? Como cresceram!
— É... Também, com essa chuva de verão...
— Ah, mas o seu jardim até no inverno é bonito.
— Obrigada.

Eu já estava querendo dispensar o vizinho, porque ele logo engataria uma reclamação, do rapaz da guarita, do lixo reciclado — que ninguém recolhe — da rua que poderia ser fechada, pelo menos nos dias de jogo, porque é um absurdo que moremos no Pacaembu e tenhamos que conviver com aquela sujeira deixada pelos torcedores. Isso sem contar os domingos de convenção evangélica; os ônibus a atravancar nosso passeio; a praça que está imunda, sem manutenção nenhuma; a sujeira dos cães que não é recolhida...

Ufa! Sim, concordo com tudo, mas logo pela manhã, véspera de Carnaval e eu com um dente doendo?

— Marcos, hoje estou morrendo de pressa, nem posso continuar no jardim, já estou atrasadíssima pro dentista. Manda um abraço pra Dina e bom fim de semana.

— A propósito...

Ainda ouvi, mas fingi que não, impostando um "Juca, Juca, já pra dentro da casinha", embora o cão nem estivesse por ali. Mas tudo bem, a cerca-viva me protegia do raio de visão dele.

Mal entrei na cozinha para liberar empregada — louca para passar o carnaval em sua cidade — tocou o telefone.

— Olá, é o Marcos. Desculpe, sei que você está atrasada, mas ia falar e você já tinha entrado.

— Pois não...

— Dina e eu vamos viajar, não queríamos levar nossa gatinha, viagem longa... Não, não é que ficaremos muito tempo fora, mas a distância é que são elas. Voltamos daqui a uma semana.

Ensalivava e ralentava a fala.

— Pensamos que... mas quero que fique inteiramente à vontade, claro...

— Marcos, mil desculpas, vamos ter que ser breves porque...

— Sim, lógico.

— Te ligo assim que chegar do consultório.

— Não, veja bem, talvez não esteja mais aqui. Nosso ônibus sai às três horas e na verdade a Cinderela, nossa gatinha, não tem com quem ficar. Estava pensando em pedir pro guarda, mas você sabe... não se pode confiar muito nele, ainda mais nesses dias de farra. Então me ocorreu de perguntar se você poderia cuidar dela nesse período. É só uma semaninha, mas olha, fique à vontade, embora nos ajudaria muito deixar nosso bichano com vocês.

— Nossa, Marcos... estou superatrapalhada, minha mãe ficará esses dias aqui conosco e ela tem fobia de gatos, foi mordida quando criança, sabe como é, ficou traumatizada.

— Ah, mas com certeza ela o assustou, porque eles não são de atacar assim. A natureza do gato...

— Marcos, desculpa, vou perder o dentista, te ligo de lá. Até mais tarde.

Que droga! Nem sei como se lida com gato, quais são seus hábitos, se toma leite, se come comida, se se leva pra passear de coleirinha... Pô, esse cara... Que cara de pau! Aliás, também tenho medo de gatos, que burra, por que não falei? Fobia é atávica, meu.

Já no consultório, enquanto esperava, fiz mil conjecturas para me esquivar do invasivo pedido. *Estávamos pensando em levar minha mãe à praia por uns dias.* Logo descartei, ele poderia saber, pelo guardinha, que não viajei. *Vamos aproveitar a estadia de mamãe, em casa, para uma bateria de exames que ela tinha de cumprir.* Mas isso não justificaria não ficar com o gato. Ah, seria melhor inventar logo que ela talvez tivesse que ficar internada para exames mais minuciosos, por alguma suspeita de coisa grave. Não, aí é pesado demais, pode reverter, deus me livre. Melhor pensar em outro pretexto. Dr. Alfredo me devolve à realidade.

— Então, eu estive vendo a sua radiografia e realmente o prognóstico não é dos melhores: nós vamos ter que fazer uma cirurgia nesse dente, há uma infiltração grande numa obturação antiga e ele está bem comprometido, não há chance de recuperá-lo.

— Cirurgia!?

— A contaminação é considerável e a dor pode piorar. Melhor não arriscar.

— Não, não suporto dor. Mas tomei remédio antes de sair e parece que melhorou um pouco. O senhor acha que dá para ficar até a quarta-feira de cinzas?

— Eu não recomendaria. Estou saindo de férias e só volto daqui a vinte dias, mas minha assistente pode continuar, é muito competente, e com ela o orçamento fica um pouco mais em conta; mas, se quiser, meu paciente das duas horas desmarcou. Faço um descontinho.

— Descontinho? Por quê? Porque é à queima-roupa? Ou por que vai ter dor?

A dor, o gato, o vizinho, a assistente, o desconto, a internação de mentira da minha mãe, o carnaval, a viagem da empregada. O que fazer?

— Marcos, mil desculpas. Tô ligando rapidinho, porque vou extrair um dente e preciso de repouso, não tenho como me comprometer com a Cinderela, sinto muito, fica para uma próxima.

— Ah, não se preocupe, já conversei com sua funcionária e tomei a liberdade de pedir. Ela me garantiu que virá todos esses dias colocar a comida. Ficou feliz, até brincou dizendo que vai trazer um sapatinho de cristal e um tamborim para sambar com a Cindy.

"Trazer ou fazer um tamborim?", pensei.

Enquanto a agulha infiltrava o anestésico no meu maxilar, minha boca adormecia o meu próprio veneno. Percebi que não entendo nada, nem de bichos, nem de gente.

O QUE VOU DIZER EM CASA?

— Não, seu guarda, por favor, me deixa entrar!
— Os portões já fecharam minha senhora, sinto muito.
— Seu guarda, são só dois minutos, o pessoal nem chegou às salas ainda.
— Acho que a senhora não está entendendo, eu cumpro ordens, já encerrou.
— Pelo amor de deus, estou há um ano me preparando, não posso perder esse exame, é a minha chance de voltar a estudar.
— Me desculpe, eu não posso fazer nada, sou empregado. Se a senhora falar com meu superior e ele deixar, não tem problema, mas eu, eu mesmo, não posso fazer nada, sinto muito. Cada caso que eu vejo aqui! O ano passado um cadeirante ...
— Olha lá, quem é aquela pessoa? Posso falar com ela?
— Senhora! Por favor, por favor.

Com um gesto de braços, a pessoa ao longe mostra que as portas estavam cerradas, sequer para.

Já encostada na grade, começo a chacoalhá-la, pedindo que ele a abrisse.

47

— Não, por favor, por favor, o senhor não sabe como isto é importante pra mim. Sou casada, tenho filhos grandes, chegou minha vez de fazer alguma coisa, eu dependo desse curso, eles me ajudaram muito, meus meninos perderam tempo comigo, me ensinaram matemática, física, meu marido nem se importou com a bagunça, as meninas cuidaram da comida, tudo por causa do meu exame, e agora o que é que eu vou fazer, o que vou dizer em casa?

— Minha senhora, não se desespere, as coisas têm jeito. No meio do semestre têm outras faculdades, a senhora pode tentar novamente.

— Só posso entrar na USP, não sobra dinheiro. Ainda arcamos com as dos meninos e eu já tenho cinquenta e oito anos, só agora vou poder estudar pra valer, passei a vida cuidando de filho e marido, quero muito ser psicóloga, entender a mente humana, as aflições de cada um.

— A senhora há de conseguir, tenho certeza. Há jeito pra tudo, Deus fecha uma porta e abre... Nossa, estou no meu horário, tenho que ir embora, me desculpe, não fique triste não, tudo vai dar certo. Boa sorte. O ano que vem vou ter o prazer de vê-la aqui fazendo sua prova, na hora certa.

Sento na calçada e choro só de pensar nos planos que tinha de sair de casa logo cedo, como todo mundo, estudar, conhecer pessoas, voltar cheia de novidade, fazer pesquisa e quem sabe no ano seguinte já conseguir um trabalho, um estágio que fosse. E a garota que eu contratei pra fazer almoço e cuidar da roupa, o que fazer com ela? Como vou me explicar? Eles vão ficar decepcionados comigo, e com razão. Caminhando a passos lentos, resolvo voltar para casa. Lojas, vitrines, supermercados, padarias, cachorros, madames, empregadas, pedintes, flanelinhas e eu, enlutada, pelos buracos da cidade. Ninguém em casa, desabo na cozinha e com ânsia vou ao banheiro. Da pia, ouço a porta: é meu marido.

— O que você está fazendo aqui? O que houve?

Só de me ver, entendeu tudo.

—Você se sentiu mal?

Abraçando-me, pede que eu me acalme:

— As coisas se ajeitam, acontece. No ano que vem você se inscreve outra vez, vai estar mais preparada. Pronto, não quero te ver nesse estado. Relaxa, vamos pensar juntos outras alternativas. Ainda há vagas para outras faculdades. Você só não pode se desesperar...

— Um ano perdido!

— Não, as coisas não são assim. E tudo o que você ganhou com os estudos? Só a tomada de decisão já vale muito...

— E as crianças? Como vou dizer?

— Que crianças? Você não se deu conta de que são todos adultos e bem-criados? Sobretudo por você? Eu sei que deve estar muito doído e vai doer bastante ainda, mas tenha um pouco mais de compreensão e carinho com você mesma, não se aniquile.

Mais uma vez a porta se abre. Meu filho, ao me ver, se espanta e interrompe o costumeiro assovio da chegada:

— Mãe, o que houve? O que aconteceu?

Aproximando-se, vê meu semblante de derrota.

— Você não está bem? Fale! Alguma coisa com a vovó?

Desminto com a cabeça e gaguejo o atraso. Ele também me abraça e, sabendo o quanto tínhamos batalhado nas nossas aulas, chora comigo.

— Não, não fique assim, ano que vem você presta outra vez, eu te ajudo, você passa, tenho certeza. Você só precisa se organizar mais, priorizar as suas coisas e se colocar em primeiro lugar, saber que você tem direito de ser o que quiser além de mãe e mulher. É tempo ainda! É duro eu imagino, mas pra te falar a verdade eu acho que você ainda não estava tão preparada assim, talvez não conseguisse a segunda fase; tenho minhas dúvidas... mas você pode, é capaz, nós sabemos, só precisa focar. Vamos fazer um trato?

Assinto.

— Em janeiro recomeçaremos as aulas de matemática, e ai de você se perder o horário ou não passar. E que tal pensar no karatê pra te dar um pouco mais de eixo, rigor, disciplina?

∽

PRIMAVERA

— Precisamos conversar: meu vizinho se queixou das folhas que caem em seu quintal.

— Mas, Ana, você me disse que há um ano ele agradeceu o frescor da vegetação, além da privacidade conquistada com a cortina verde.

— É, mas deu de reclamar, dizendo que as folhas e as sementes caem e sua área fica suja, além dos pássaros que começaram a aparecer. "É sujeira de várias naturezas", me disse ele, num tom ácido.

— Pena! Justo agora que as plantas estão pegas, se aprumando, cheias de brotos.

— Já falei com Antônio e vamos isolar o vão com uma placa metálica de altura média. Podemos pensar em espécies cujas folhas não caiam tanto e sem frutos?

— Claro, mas...

— Sei que foi uma demanda nossa, desejo de colher pitangas, ver e ouvir sabiás, bem-te-vis, pintassilgos, mas não posso me indispor com vizinhos. Há vinte anos dividimos as paredes de nossas casas. Gosto muito dele.

— Claro, entendo, fique tranquila.

No dia seguinte Ana me ligou novamente dizendo que o Senhor Francesco lhe enviara pela diarista, sem nenhuma explicação, uma sacolinha de supermercado cheia de folhas caídas em seu quintal.

Meu deus! Perguntava-me por que ele se sentia tão incomodado com algumas folhas, por que não foi pessoalmente falar com ela — poderia tê-la interpelado e dado a chance de trocarem ideias.

Clúsia fluminensis! Considerei para o novo projeto: folhagem carnuda, vigorosa, bem presa ao caule, verde brilhante — ótima parede.

Dali uns dias, chegamos cedinho à vila, abarrotados das novas espécies. Jardineiros e eu mal estacionamos quando um senhor de pijama, cabelos brancos e ralos, passos vacilantes, em chinelos, se aproximou e, com fala baixa, leve sotaque italiano, me perguntou se as plantas eram para a casa da sua vizinha. Disse que sim e ele me pediu permissão para, antes de descarregá-las, falar com "*la signora* Ana".

Voltei à perua e, sentada, assisti aos dois pelo retrovisor. Ao final, minha cliente, solícita, tocou suas mãos, que por alguns segundos se juntaram como em prece.

Ela me acenou e fui até eles:

— *Molto piacere, signorina*, não me leve a mal. Quando mandei as folhas pela empregada, estava cansado, de cama, com muito calor e dores no corpo, e me sentia... *come si dice?* Mareado. Foi um ato impensado, estava nervoso. Mas, *per favore*, não quero que mude nada. Sei quanto prazer esse jardim trouxe *alla signora* Ana, aos vizinhos e a mim. Como foi bom ouvir a passarinhada e ver os beija-flores, em puro frenesi nas ipomeias e dulcamaras. Gosto muito de botânica e se não tivesse sido obrigado pelos meus *genitori* a fazer engenharia, teria sido um agrônomo. Ando muito doente e quase não tenho sono. Naquele dia, cheguei da quimioterapia e não conseguia dormir nem comer. Os passarinhos anunciando essa primavera que já não faz mais nenhum sentido para mim... Desculpem-me, vocês são jovens, mas é muito duro ver essa alegria toda quando nosso tempo já está chegando ao fim.

E continuou:

— *Signora Ana*, desculpe a falta de educação naquele dia, mas por favor não tire nada do que está aí. Da janela, os galhos, as cores e o perfume me transportam para minhas paisagens, já apagadas, quando os trinados eram o amanhecer.

— Senhor Francesco, por favor, eu nem sabia que o senhor estava doente. Somos vizinhos, por que não nos avisou? Esse tempo todo e o senhor se virando sozinho! Estamos aqui ao lado, podemos ajudá-lo a ir ao hospital, fazer companhia, tomar uma sopa à noite, um jogo de cartas, por que não? Por favor, não se constranja.

Afastei-me discretamente e, já deixando a vila, assisti aos dois conversarem com as mãos entrelaçadas.

No dia seguinte, por telefone, Ana me pediu que suspendesse as clúsias.

∽

NOITE, DIA

Durante anos dormi acalentada pelo meu irmão, até que chegou o dia de cada um no seu quarto. Coube a ele a biblioteca de meu pai, Sartre, Foucault e todo o movimento estudantil de sessenta e oito. A mim, a escrivaninha, rosa, para fazer diários e a lição. Flores e paisagens se misturavam num pequeno painel de cartolina, que minhas mãos úmidas colavam. De noite, eu me enrolava nos lençóis recém-comprados para o quarto de menina, à cata do barulho da tevê, das vozes e sons da vizinha. Só depois da meia-noite ouvia o carro do seu Paulo chegando do jornal. A cozinha se acendia e, enquanto ele tomava banho, dona Judith preparava o bife acebolado passado na hora. Lá, a conversa era sempre a mesma: a Hildinha que tinha ido mal nas provas, o Dito que não tinha chegado ainda — esse menino sempre em más companhias — e a Conceição, que era linda e tinha o cabelo da Rita Hayworth, saindo com o namorado em seu Cadillac conversível. Ah, como eu gostava dessa hora! Seu Paulo dando as notícias que a gente só veria estampadas nas primeiras páginas da manhã seguinte. Ele reclamava do telex e do "desgraçado" do diagramador. Bem mais tarde vinha o Dito, e brincava só um pouquinho com o Samba, que dava os últimos latidos na madrugada. Aquela nesguinha na minha veneziana então se apagava e eu me via só com meus fantasmas, na vigília que se impunha.

De manhã, o café corrido, porque seu Oswaldo da perua ia passar, a bronca na chamada oral de história e o ovo da lancheira vazando nas minhas pernas. O porão da casa da vizinha, nosso recreio da tarde, guarida da descoberta das nossas viscosas vulvas e incipientes pênis perpetuando nossos odores, estava terminantemente proibido.

Com nosso bunker de médico desaparelhado, fui obrigada a me dedicar mais aos estudos, mas as notas vermelhas chegavam e o boletim tinha de ser assinado. O prazo de devolução se exauria, eu não encontrava meios de abordar o assunto em casa. Então enrijecia na cama, de medo que meus pais percebessem na minha inquietação o que se passava comigo na escola. Segurava a urina até o limite, mas às vezes perdia o controle e, já completamente gelada ia, pé ante pé, para o banho quente. Voltava e me deitava no colchão molhado para que ninguém notasse o que acontecia comigo no escuro.

De dia, cochilava na carteira; à noite, velava. Mesmo aos sábados, na casa da madrinha, mal soavam os telefonemas de emergência e eu já os interpretava como anúncio de morte da minha mãe, do meu pai e do meu irmão. Restaria eu, desengonçada, numa família postiça. Só me acalmava ao ouvir meu padrinho afivelar seu cinto para mais um parto.

Agora, não choro no quarto, evito os ovos, mas os assuntos podem ser todos conversados, de dia e de noite, embora eu sempre estude a melhor hora de abordá--los com quem quer que seja. As brincadeiras de médico saltaram do porão para a cama de casal, pairando às vezes no intermediário. E o único fantasma na madrugada sou eu.

O LEITE DE LAURA

Saindo do trabalho num fim de tarde, o céu de verão não denunciava o inferno de faróis e lanternas que se cravariam em mim, lentamente. Uma carreta, um incêndio, mortos, feridos, guardas, polícia, resgate, bombeiros e nós, motoristas, condenados ao imobilismo em nossos carros na Bandeirantes. Com a Marginal ainda bem distante e as transversais completamente obstruídas, procurava um telefone público, única comunicação possível naqueles anos. Era hora de minha filha mamar, meus peitos começavam a intumescer, meu marido viajando e a diarista com hora para pegar os dela na creche. Então o céu se acinzentou e, enquanto helicópteros bombardeavam nossos ouvidos, meus seios começaram a verter seu líquido. A orientação de que "nada lhe fosse dado" ribombava na minha cabeça; eu era muito natureba. Até seis meses só peito, nem água. Culpava-me por ter estocado apenas uma mamadeira, já devorada, com certeza. De mais a mais, detestava tirar leite com aquela bombinha!

Ambulantes começavam a afluir com suas águas e amendoins espalhando versões disparatadas sobre o acidente, enquanto abríamos as portas e nos deslocávamos por entre os carros à cata de notícias. Pelo sim, pelo não, tentei explicar a um guarda a minha situação, no afã de que ele pudesse me conseguir um atalho.

— Minha senhora, entendo, mas sabe quantos casos bem piores que o seu existem aqui? Mulher pra dar à luz; velho passando mal; executivo na hora do embarque... Sem condições, todas as vias estão paradas.

Os peitos estavam duros, quentes e doloridos. Massageei-os para que liberassem algumas gotas, mas já estavam começando a empedrar. Então usei as duas mãos em movimentos vigorosos, rotativos, para que amolecessem um pouco. A sede a galope, e os vendedores, perdidos de vista.

Quando isso vai andar? Sentia calafrios e ainda faltava muito. A via crúcis sob as pontes mal havia se iniciado. Vinte e Três de Maio, Vereador José Diniz... Então percebi minha blusa umedecida sobre o colo e aproveitei para manipular mais os seios, até que, me aliviando, encharquei-me até à cintura. Chorei, sabendo que Laura também chorava. Joana ainda estaria lá?

Lembrei-me da música clássica no toca-fitas, e com ela me desliguei um pouco, a ponto de fechar os olhos por alguns segundos, minutos talvez, até que comecei a ouvir um buzinaço. Cochilei. O trânsito começava a fluir. Já na Marginal, senti um certo alento, mas os peitos vazavam e por um instante me preocupei que não sobrasse nada para a mamada — que fiasco! Os carros vagarosos numa Rebouças afogueada até a Brasil. Ainda retornei pela Estados Unidos para chegar ao meu bairro, nada virava à esquerda. Desci a Arthur, também parada, até que já na minha rua, atinjo rapidamente minha garagem. Em casa, entro esbaforida e Joana, lívida, me entrega a menina: "Ela chorou muito e só agora aquietou, desculpe, preciso correr pra creche". Ávida e ingurgitada, pego Laura, abraço-a e choro, de pena, de culpa, de cansaço, de dor. Já lhe oferecendo os peitos, tento acordá-la. Insisto, beijo sua cabecinha suada e acaricio sua bochecha, ensaiando introduzir o bico do seio em sua boca cerrada. Apenas seu suspiro sôfrego, exausto. Então, com ela já no berço, vou ao chuveiro quente e na cegueira do vapor e das minhas lágrimas, os peitos começam a gotejar novamente e escorrer, agora no ralo, o meu leite, o leite de Laura.

De manhã, ao acordarmos, Marina me confessou: ao ver a irmã naquele estado, ofereceu-lhe, a colherinhas, um iogurte, cor-de-rosa, da geladeira. Abri o lixo e vi a data de validade há meses expirada.

Saí para o trabalho, mas nesse dia voltei voltei logo. Pedi demissão.

JUCA, LOBÃO E BOCANEGRA

— Foi Lobão quem levou seu cachorro.
— Mas quem é o Lobão?
— Lobão é um mendigo. Mendigo não, sem-teto como eu, porque nós somos gente de bem, a gente não fica pedindo, a gente trabalha, faz um carreto aqui, guarda um carro lá, limpa uma verdura pra dona da banca. Mas depois, quando termina a feira, a gente não tem pra onde ir, então a gente vai ficando. No dia seguinte começa tudo de novo. À noite é que são elas. O Lobão já me falou que tinha um cachorro muito lindo igual a esse da senhora, só que preto. Eles eram carne e unha, mas um dia, o Lobão bebeu umas e outras e o Ébano viu uma cadela no cio, desembestou e quando foi atravessar a rua se espatifou como um bife no asfalto. Até hoje ele fala nesse cachorro. Diz que era o único que abraçava ele pra dormir. De madrugada, no chão gelado, os pelos dele esquentavam o Lobão. É verdade, eu mesmo, numa vez que a gente tomou uns traguinhos a mais, dormi com eles também, nós três bem juntinhos, podia ser sempre

63

assim, né? Mas veio a dona da assistência e falou que a gente tinha que ir pro abrigo.

Abrigo!?

— Eles dão cama só depois das sete: é albergue. Não pode falar abrigo. A gente não pode nem conversar que o vigia passa reclamando e ainda fala que se a gente não se comportar, no dia seguinte não tem sopa nem dormida.

— Mas onde eles estão?

— Quem?

— O Lobão e o meu cachorro?

— Ah, isso a gente não sabe, porque às vezes ele nem vai pro abrigo, pro albergue, quero dizer, mas hoje ele vai, porque ele não vai ficar dando mole com um cachorro bonito daqueles, cão de madame, bem cuidado, só falta falar, num é mesmo? E com esse frio, ah... ele vai, pode acreditar...

— Mas, lá pode entrar com o cachorro?

— Não podia, mas agora pode.

— Então à noite eu vou lá, preciso achar esse bicho de qualquer maneira, ele sumiu desde ontem.

— É, mas a senhora chega maneira, com jeito, porque o Lobão é encrespado, pelo nome já dá pra sentir, né?

— É no fim da avenida Pacaembu?

— É nessa avenidona aqui, antes do viaduto lá em baixo.

Nisso, um outro mendigo se aproxima e fala:

— Ó, dona, eu vi um cachorro amarelo no caminhão do Zé da Fruta, aquele caminhão ali, mas a se-

nhora num fala nada, não, que eu falei. Eu tenho certeza que é o seu cachorro. Ele num vive descendo aqui atrás de comida, bebida? Olha, eu mesmo já levei ele na sua casa, não é aquela lá em cima, tá lembrada de mim, não, o Paraíba?
É verdade, eu o reconheci. Tempos atrás, ele tinha trazido o Juca amarrado pelo pescoço numa corda. Estava bastante bêbado. Dessa outra vez, também.

— Mas você tem certeza que é ele?

— Ah, tenho. Aqui todo mundo conhece o Juca, ele adora comer calabresa, pastel, até cerveja ele toma ali no bar do estádio. Parece com a gente, só que à noite dorme em endereço fixo, casinha quente... e também não paga a bebida, né? Pega os restos da lata, encaixa nas patas e vira mesmo, é bonito de ver, mas é muito bonzinho, nem late, nem parece cachorro. Podia ser cadela, né?

— Você não quer ir comigo até a barraca do Zé? — arrisquei.

— Ah, não, isso não, ele vai dizer que nem viu cão nenhum.

— Ué, mas só você viu?

— Ah, isso, eu já num sei. Acho que só eu, olha, vem cá...

E no meu ouvido, continuou "ele deu uma isca de linguiça e levantou ele assim, ó. Aí o João do Muque tava lá em cima e já enfiou ele embaixo da lona amarela, acho que o Zé já tinha dado ordem. Agora, ele tá lá, quietinho, tirando uma soneca. Também, depois de tudo o que já comeu e bebeu, só dormindo mesmo.

Vida de cão é boa, eu acho, é melhor que a minha; todo mundo se achega, passa a mão, oferece um naquinho e se bobear leva pra casa, dá um banho e deixa morar junto. Pode ir lá, mas num fala de mim não. O Zé não tá lá, ele tá ali do outro lado". E apontou-me a banca.

Desconfiei, pelo teor alcoólico, mas da outra vez ele estava em pior estado e conseguiu chegar à minha casa e se apresentar. Achei melhor ir direto ao caminhão e dar uma incerta, mas a lona estava por cima e não havia como enxergar. Incisiva, falei: "Parece que vocês encontraram meu cachorro, o Juca. Ele está aí, né?"

— Não, dona, aqui não tem Juca nenhum. O que tem aqui é caixa vazia pra guardar o que sobra da feira.

— É que meu cachorro sumiu e como ele costuma vir pra cá, achei que vocês tinham guardado. Lá em casa, tá todo mundo louco atrás dele. Sabe como é criança. Elas estão desesperadas.

— Pra cá ele não veio, nem vi cachorro nenhum por aqui.

De novo nessa situação, pensei, não era a primeira e nem última que Juca fugia. Resolvi ir falar diretamente com o Zé da Fruta, o dono da banca.

— Bom dia, seu Zé, por acaso o senhor guardou meu cão, aquele labrador amarelo, que escapou por aqui?

— Vi não, minha senhora.

Esquivando-se de mim, foi atendendo outra freguesa, com motorista e uma grande lista. Com as dez caixas de pitaia para lhe entregar, oferecia-lhe, solícito, uva *itália*.

Percebi que, frente à outra cliente, ia ser difícil atrair qualquer atenção para uma reles perdedora de cachorro. Então separei papaias e laranjas, mais a título de pretexto, e calmamente esperei que ele fizesse todas as deferências para a outra.

Voltei a atacar.

— Seu José, gostaria que o senhor me ajudasse, como disse...

E ele, me cortando, foi direto:

— Minha senhora, eu não vi cachorro nenhum, estou aqui desde as seis da manhã e estou preocupado com meu negócio, não tenho tempo nem pra me coçar, que dirá ver seu cachorro fugido.

— Entendo, mas me disseram...

— Disseram o quê? Quem disse o quê?

— Me disseram que às vezes o pessoal da banca sabe, porque eles vêm atrás de comida.

— É, mas aqui na das frutas eles não vêm, até porque se vier cão faminto aqui eu já toco logo pra fora, vou chutando, num gosto de cão.

Insisti para que se ele soubesse de alguma coisa me comunicasse; deixei meu telefone que ele, de mal grado, pegou.

Mal avistei o Paraíba deitado perto da banca, fui logo dizendo que nem o Zé do Muque nem o das Frutas sabia de cachorro nenhum.

— Ah, eu sabia que eles num iam falar.

— Meu Deus, como é que eu faço agora?

— A senhora conhece o doutor Bocanegra?

— Não, quem é?

— É um doutor que vem sempre na feira. Não é por nada não, mas eu vi ele chegar sozinho, sozinho de tudo mesmo, e de um nada ele passou com um cachorro igualzinho ao seu, indo pra casa dele, agora mesmo. Se a senhora quiser eu levo a senhora lá, eu sei onde ele mora. Quem sabe não é o seu Juca que tá com ele.

— Mas você falou que ele estava no caminhão.

— É, eu falei, mas quem garante que ele não saltou de lá e o doutor Bocanegra, que acabou de perder um cachorro e está muito triste, não aproveitou pra pegar o seu?

MINHA CIDADE

— Amiga, proposta indecente: daqui a dez minutos passo aí para irmos num butequinho, tô louca pra tomar um chopp, comer pastel, bolinho de arroz, topa?
— Ih, tinha começado um regime.
— Ah, não, desencana que hoje é dia de lama! Pedi ao taxista para me deixar na esquina da casa dela e descemos a Bela Cintra para o centro, a pé.
— Nossa, está tudo escuro! Não tem ninguém!
— É, acho que o pessoal saiu da euforia com esse empate Brasil e México. Segundo jogo e já tomamos um susto desses! Não é pra menos.
— Então vamos brindar ao que eu mais gosto: aos encontros! Em época de Copa do Mundo, sou invadida por um sentimento de alienação, por não conseguir me envolver com os jogos nem entrar no clima de euforia das pessoas.
— Ah, eu não. Não sei se é porque em casa só tem homem, mas ou entro na deles ou fico à margem, e não gosto. Então acabo torcendo e, mesmo sem entender muito, entro no clima.

— Eu me lembro do meu irmão pequeno, num domingo em que o São Paulo perdeu. Enquanto ele chorava bastante, meu pai o pegou no colo e, acariciando-o na cabeça, enxugou suas lágrimas. Levou-o à pia, lavou seu rosto e, baixinho, consolou-o. Naquele momento, partilhei e sei que dividi com ele uma de suas primeiras tristezas. Até hoje vejo aquela cena com carinho e admiração fraterna. O menino puro, ingênuo, entristecendo-se por causa de um time. Volta e meia me lembro também da foto tocante, premiada, na primeira página do *Jornal da Tarde* na Copa de 82, quando Brasil perdeu para Itália. O garoto brasileiro, de uns dez anos, sozinho, com sua lágrima engasgada na face, seu silêncio. Hoje, com a cidade assim vazia, me sinto muito mais afinada e próxima dela, experimento o sentimento inverso da maioria dos brasileiros, me torno sua dona, você entende?

— Sim, estou te entendendo, mas acho estranho.

— Agora, por exemplo, as ruas mal iluminadas e a metrópole deserta me dão a sensação de uma outra São Paulo, que é do meu tamanho. Posso apreendê-la, sentir suas ruas vazias preenchendo o meu grande buraco. Seus largos e becos me seduzem e se oferecem para serem desfrutados na sua inteireza sem seus rótulos. A cidade se torna nossa cúmplice e nos acolhe em suas avenidas, prédios e monumentos. Já com toda aquela gente, é como se ela fosse absolutamente engolida e devastada por estrangeiros, na sua euforia e entusiasmo, perdendo sua identidade, transmutando-se na multidão, indo para além de nós.

Volto sozinha de táxi e, impondo-se sobre a praça Charles Miller, o estádio do Pacaembu, grandioso, iluminado em tons suaves de amarelo e ocre, com suas bandeiras desfraldadas.

— Linda luz — comento com o motorista. — Não sei por que não o deixam sempre assim.

— É só pra turista, senhora.

Contemplo-o em sua elegância. Sei que é só nessa quietude e mudez que ele me pertence.

ESTRADA PERDIDA

Mas, afinal, profissão é o que se faz ou o que se estudou? Quando você interrompe o trabalho para cuidar de filho, você é do lar? Ou está do lar? E se manda tudo às favas e resolve investir num negócio diferente? Nesse interregno, você é o quê? Ainda, se você é daquelas que têm mais de uma atividade, qual privilegiar ao preencher uma ficha em hotel? E o que importa para o dono? Nossa, quantas vezes me vi às voltas com tudo isso...? Também já cheguei a invejar quem, jovem, descobre sua vocação e segue sempre na mesma estrada. Eu acho que cedo desviei da minha — mas qual era ela? "A urgência do jornal faz você desaprender de escrever" dita por meu pai martelava nos meus dezoito anos. Desisti. E as artes e o teatro-educação me arrebataram por muito tempo. Depois, filhos! Quantas mães conciliam! Invejei essas também. Passado o sufoco, um novo chão se abriu com raízes a irrigar caules que começavam a copar sobre mim. Emaranhada em frondes, me embriaguei de seiva, até o amanhecer de outra profissão. Nela me arvorei, imergi em sua terra, e também por essa me apaixonei.

Mas, às vezes pensava naquela que não exerci e ainda em outras que poderia ter exercido. E ainda penso. "E se?..." Estaria mais feliz? Me expressaria melhor? Só sei que, de lá para cá, atendi a tantos *vocare*, que fui serpenteando por vicinais capengas, cheias de pedras no caminho, animais em trânsito, porteiras para abrir e fechar, matutos com seus causos encantadores, araucárias com toda pompa, acesas em noite de lua cheia, montanhas íngremes, descidas desgovernadas — *amando la trama más que el desenlace* — que a auto-estrada, retilínea, pavimentada na sua completude, ficou distante, perdida. Sei que ainda está lá, com seus pedágios, levando ao lugar certo, ao ponto fixo e determinado. Resta saber: vai encarar?

∽

O BRICK DAS INGLESAS

— Toninho, vou mudar tudo, quero ficar ruiva.
— Mas você acabou de ficar loira!
— É, mas cansei, isso aqui tá muito suave, tenho que usar um cabelo que condiga com minha cabeça, sou mais nervos, atacada.
— Ah, isso eu sei...
— Então, mas eu não quero vermelho-menopausa, quero aquele brick das inglesas.
— E o que é aquele brick das inglesas?
— É aquele tom de tijolo, tem um quê de alaranjado.
— Você sabe que é uma cor difícil. Justo agora que chegamos nesse platino blonde *à la* Marilyn, chiquérrimo?
— Por isso mesmo que não quero, não gosto desse tipo de identificação.
— Meu amor, me poupe, não vá me dizer que tá se achando...
— Não, não é isso, é que não gosto de ser loira.
— Então por que pediu, não faz nem uma semana?
— Sei lá, queria mudar, não gostei, pronto, mudo outra vez.

"Hum, ela pensa que tem cabelo virgem", falou para o espelho, enquanto empertigava seu torso bombado, alisando com os dedos sua mecha branca. Quase recuei, vi que ele não estava muito afeito às extravagâncias que normalmente gostávamos de fazer, mas como era o dia da festa de bodas de ouro dos pais do meu novo namorado, não quis voltar atrás.

Toninho abriu a gaveta e pegou um álbum de fotos. Mostrando uma a uma, tentou me convencer a manter aquele visual romântico de suas clientes glamourosas.

— Não, não tem conversa, não aguento mais essa loirice toda, pode tirar.

— Mulher! Eu, hein?

Foi ao almoxarifado e lá mesmo pude entrevê-lo preparando a tinta.

Folheei aquelas revistas que a gente não compra, mas adora ler, enquanto ele começava o procedimento. Já me distraindo com as imagens de casamento de não sei quem sobre o mar de não sei onde, me vi completamente incandescida. O tal brick das inglesas já tinha ido pro beleléu.

— Toninho, acho que já perdemos o tom, está exatamente o que eu não queria.

— Calma, o efeito nem começou, está em processo, não vai ficar dessa cor. Mas também não tenho garantia nenhuma, eu te avisei. Descoloração, tinta, resto de permanente, escova progressiva, tudo isso, o que que você quer?

— Ai, meu deus, onde eu estava com a cabeça? Logo agora, de namorado novo, e se o que ele gostou em mim foi do meu ar de loira angelical? Tô parecendo uma diaba.

Pedi a ele para retirar imediatamente a tinta, ainda com um fio de esperança. Mas, saindo do cocho da lavagem, vi minha cabeça parecer uma tigela de doce de batata roxa.

— Não, não acredito! O que aconteceu?

— Nem eu acredito, sei lá. Excesso, excesso de tudo, você parece... Parece não, você é louca, cada hora quer uma coisa!

— Mas pelo amor de deus, olha o que ficou!

— Calma, vamos secar um pouco.

Pedi para ele trazer a cartela das cores, mas logo me dei conta de que nada tiraria aquilo, a não ser o preto. Com o secador quente em punho, porém, assistimos aos inúmeros fios se enrolarem, mortos, na escova, enquanto verdadeiras peladas se abriam no meu couro e o chão branco se transformava numa chenille roxa.

— Toninho, vamos passar o preto, por favor.

— Nem que você me pague em dólar, se ajoelhe e chame todos os babalorixás eu ponho mais alguma coisa no que sobrou na tua cabeça.

As lágrimas começaram a escorrer e acatei a sugestão da máquina dois. Então, beijando a minha testa com carinho, ele me disse:

— Fique tranquila, você vai ficar bonita outra vez, confia em mim.

Começou o corte pela nuca. No espelho, tão frágil e insegura quanto na primeira vez que minha mãe cortou meus longos cabelos *à la* joãozinho para ingressar na escola. Sob o pretexto da praticidade, eu, um verdadeiro hominho, entre tantas Suzanas, Claras e Alices. Perguntei-me por que me havia infligido aquela pena mais uma vez.

Antes de zerar completamente a operação, Toninho foi ao vestiário e, de uma linda caixa de madeira oriental, tirou uma gargantilha de coral negro com pérolas barrocas. Já colocando no meu pescoço, me ofereceu para a festa daquela noite.

— Meu amórrrr — carregou no sotaque afetado — você vai arrasar com esse visu, vai ser a mais poderosa da festa, relaxa. Vamos colocar o foco nesse seu colo maravilhoso.

Percebi o valor da joia e não queria aceitar de jeito nenhum.

— Meu amor, é o seguinte: eu ganhei essa joia de um bofe árabe, presidente de uma multinacional, com a condição de usá-la nos nossos próximos encontros, mas ele só vem ao Brasil uma vez por mês. Você vai com ela sim, vai dar um nó naquelas loiras de luzes, caretas, de tailleurzinho, bolsa chanel, fio de pérolas, eu, hein? E quando o meu bofe, o *meu bofe*, voltar, você me devolve, que eu preciso dar tratos à nossa fantasia.

Fui pra casa e entre desistir de ir às bodas — tinha uma ótima desculpa — resolvi me arrumar com roupa exótica, *tomara-que-caia*, carreguei na maquiagem, enlacei a gargantilha. Quando cheguei à festa, sem conhecer ninguém, me aproximei de Júlio e disse:

— Olá, sou sua nova namorada.

VERMELHO FERRARI

— O que você quer de aniversário?
— Filha, você sabe que tenho de tudo.

Na minha cabeça, completei: "não preciso de nada" ou "estar junto de vocês é tudo o que quero", mas...

— Vou ser muito franca, o que realmente estou precisando é de uma jaquetinha de couro. Aqui não encontro meu número, que tal irmos a Buenos Aires? Eu te dou a passagem de presente.

— Mas estou enrolada, muito trabalho.

— Será que você não consegue tirar uns quatro ou cinco dias no máximo, um fim de semana esticado? As crianças se viram.

A verdade é que ela havia acabado de perder sua irmã de cento e dois anos. Claro, gostaria de distraí-la, atenuar um pouco a sua dor. E como negar esse pedido para uma mãe, completando oitenta e sete, tão lúcida e vaidosa? Há tempo, sou sua única filha e ela só viaja comigo.

Vamos lá, decidi. E, comunicando à minha prole e ao meu marido, no fim de semana seguinte já estávamos na capital argentina.

Sábado e domingo, só passeios: museu, teatro e restaurante. Já na segunda-feira, fomos à luta. Orientadas por uma taxista local, percorremos um bairro tipo Bom Retiro, com sua José Paulino de couros. Depois de entrarmos em tudo quanto era loja, ou porque não tinha seu tamanho, ou porque a cor não era a que ela queria — sim, porque só podia ser o vermelho *Ferrari* —, deparamos com uma, cuja vitrine variada e boas poltronas nos atraíram. Vendedoras solícitas e desavisadas de sua exigência trouxeram os mais variados tons, marrom, bege, vinho, que logo foram rechaçados.

— A mi, me gustan los colores fuertes, que levantam o semblante, por esto quiero lo rojo Ferrari e además vá con todo...

— Sí, señora, con mucho gusto, pero...

E enquanto caçávamos palavras no nosso portunhol, o gerente se ofereceu para confeccionar a jaqueta no tal vermelho, para o dia seguinte... "una deferencia e comodidad para nuestras clientes preferenciales".

Tirou as medidas com um modelo que tinha lhe agradado muito, desde que a gola fosse um pouquinho menor, os bolsos suprimidos e "por favor, ao invés de zíper, botões forrados". No caixa, insistiu para eu fazer o crédito do sinal no seu cartão: "Meu presente é estar com você aqui". Quase três da tarde saímos para almoçar. Fomos ao café da livraria Ateneu e, deslumbradas com a arquitetura e a cúpula, fomos ficando até noitinha, ouvindo Piazzola entre livros e drinks.

No dia seguinte nos separamos. Ela, operada há alguns meses, com três pinos introduzidos na coluna, teria de se preservar: só cabeleireiro, a encomenda de táxi e espetáculo de tango, à noite. Eu queria andar a pé, flanar por todo o parque Palermo, ir ao Malba, aos cafés e *medialunas*.

Na volta pela Recoleta, vejo uma jaqueta como a que ela queria, mas como comprar sem que ela a experimentasse? Àquela hora, ela já deveria ter pego a dela.

No hotel, a encontro decepcionada.

— Minha jaquetinha ficou uma droga! O gerente concordou comigo e me estornou o cartão. Mas não me dei por vencida e encomendei outra, aqui pertinho, na mesma rua, só que em bege. Não tinham o couro vermelho.

— Mãinha, você não acredita! Vi uma que é a sua cara, no tom, a loja garantiu que, se não for o seu número, eles fabricam uma amanhã mesmo, desde que cheguemos até às nove horas.

— Mas agora já mandei fazer a outra!

— Não tem importância, eu te dou a vermelha e você compra a bege. Mas eu quero que você experimente, é linda!

Quarta-feira cedinho estávamos lá, e o tal objeto de desejo lhe caiu perfeitamente, sem necessidade de um ajuste sequer. Aproveitamos para comprar lembrancinhas e fazer hora para pegar a outra. No caminho, ela foi se dando conta de que a bege, como a primeira, não lhe assentaria tão bem. A cor também não tinha lhe agradado tanto e o modelo deixava a desejar, além de engordá-la "um pouco". Incisiva, me disse:

— Estou decidida, não vou buscá-la, prefiro perder os cinquenta por cento. Agora que vi o caimento desta, já sei que a outra será dinheiro posto fora.

— De jeito nenhum! Você não vai perder o sinal, você experimenta e se não gostar é outra história...

— Não, não quero passar pelo desgaste e constrangimento que passei ontem, sei que não vai ficar boa, acabei encomendando mais por desespero de causa e agora estou muito satisfeita com esta. Isso sim é que é couro! E que caimento!

— Então quem sabe vejo alguma coisa para mim? Não me conformo que você perca o dinheiro, vamos experimentá-la, pelo menos.

— Não, eu não vou. Sabe aqueles casacos que não têm bom talhe, são marretas? Se você quiser ir, vá; mas sem mim.

— Mas então por que encomendou?

— Nem sei. Não queria sair sem nada daqui, afinal... por isso viemos.

Nessa altura, já estávamos mortas de fome e cansadas, então resolvemos parar pra comer alguma coisa e ainda queríamos conhecer o museu de Gardel.

No fim do dia, mal entramos no nosso apartamento, atendi uma ligação.

— *Por favor, señora Dáici.*

Eu, muda, lhe dei o aparelho.

— *Sí, es ella.*

E continuou:

— Não, mui mal, senhor, fomos assaltadas, nos sacaron todo el dinero. Terrible. La tarjeta de credito? También. País de ladrones, este. Amanhã nos vamos e por suerte os passaportes estavam acá en el hotel... Non, no puedo, senõr, no tengo mas plata para la jaqueta e desculpe-me, voy desligar. Ainda tenemos que hacer el B.O. Que transtorno! A Buenos Aires, no vuelvo jamás.

Ao desligar, caímos numa gargalhada frenética. A dela, de alívio; a minha, de ver sua astúcia e desenvoltura. No dia seguinte, ao entrarmos no avião, ela me fez jurar que voltaríamos para comemorar seus oitenta e oito.

E, quem sabe, mais uma jaquetinha.

FOCO

Às vezes, reconheço, sou dispersiva. Fico dividida entre várias coisas e assuntos que me aliciam e passam a ter o mesmo peso e encanto; tomam todo o meu tempo.

Num dia desses, Regina se dispunha a me ensinar a costurar à máquina, coisa que eu sempre quis muito. Mas eu precisava escrever um texto. *Textum*, tecido e texto, a mesma origem latina. Então, pensei, não há dispersão nenhuma nisso, muito pelo contrário. Enquanto um precisa de fios, linhas que se entrelaçam para compor uma trama, o outro se faz através de palavras que se concatenam para formar o tecido. A matéria-prima de cada um é que é diferente. Será que poderíamos comparar os substantivos à linha que tece; os adjetivos ao bordado? E o sujeito que faz a ação, seria a agulha, ou o tecido que recebe a ação seria o sujeito oculto? Agulha é verbo? E a linha no papel? Se a tomarmos pela ponta e a desenrolarmos, teremos um emaranhado de palavras ou um enovelar de fios, novelos e novela?

Ariadne é quem conhecia bem isso, aliás, ela tramou bem a sua história, desenredando o labirinto. Li um dia desses que as aranhas têm um sistema hidráulico de... Não, não, voltando a Ariadne, teria ela escrito belas tragédias como Shakespeare costurava seus enredos?

A verdade é que eu estava cheia de sujeitos ocultos, panos guardados em meu baú, que precisavam virar personagens, ganhar história, ser protagonistas de uma nova vida. Então costurei, caseei, bordei. A máquina fazia tudo: zigue-zague, overloque, só não cantava, mas que importa? Eu cantei o tempo todo. O plano transformado em tridimensional nas minhas mãos, almofadas, colchas, cortinas. Sim, porque gosto de ver tecidos empilhados, por cor, estampas, texturas; então compro sem saber se vou usá-los, não importa. De vez em quando tiro todos do armário pelo simples prazer de pegá-los, marcá-los à unha, sentir seu cheiro, seu farfalhar, para dobrá-los novamente, pontinha com pontinha, e admirá-los em outras arrumações.

Desde pequena ia com minha mãe à rua 25 de Março. Aqueles passeios até hoje recendem em mim, junto às especiarias e às fornadas de esfihas dos empórios e restaurantes. Meus tios, em tom de *gag*, mal nos viam, diziam: "Ih, elas estão chegando, vamos cerrar as portas". Minha mãe mandava descer todas as peças e, enrolando-as no corpo, frente ao espelho, analisava o panejar e as cores sobre sua tez. Ao final, levaria um metro, dois, no máximo, que eles nunca cobravam.

Então, nossa costureira vinha e fazia lençóis, pijamas, vestidos.

– Se colocássemos um bolso aqui, um enviés ali? E é dessa interlocução que sinto falta, dessa troca com esse tipo de profissional que já não existe mais. Hoje, o que se tem são aquelas que ficam num cubículo, onde mal cabemos, cobram por costura reta, tudo muito clean e agendado, onde não podemos interferir, criar, customizar...

Ih, o texto. Regina diz que me atrasei porque fiz e refiz mil vezes a costura que "tinha que ficar" com o ponto mais espaçadinho; que teci inúmeras considerações sobre o barulho seco do algodão, diferente do rascante da seda à hora do corte; do caimento do linho, eterno, caríssimo. Agora já é de madrugada e estou aqui às voltas com o texto e preciso acordar cedíssimo para entregar um projeto de paisagismo amanhã, no primeiro horário.

Nossa, já é hoje!

SÍLVIA CRISTINA, DO RIO DE JANEIRO

Aceitei o convite de minhas primas para uns dias na chácara. Com mamadeiras, fraldas e berços, embarcamos na minha fosca caravan. Há quanto tempo não fazia isso!

O ar puro e a convivência descontraída entre nós logo propiciaram aos quatro uma liberdade e autonomia que eu me refestelava em ver, mas exigiam atenção redobrada, diferente do nosso cotidiano no apartamento, onde os pequenos engatinhavam numa área de pouquíssimos metros quadrados. As meninas, por sua vez, também queriam explorar os arredores com suas bicicletinhas, cabelos ao vento. Estavam crescendo. Só num dia, os gêmeos comeram tatu-bola, se lanharam na terra batida, rolaram na pirambeira, arrancaram as fraldas e fizeram cocô com o primo fora do vaso — "foram os meus?", "foram os seus?" — enfim, emporcalharam todo o banheiro. Descanso? Só quando eles dormiam.

Numa tarde, resolvemos ir até o centrinho da cidade. Pelo menos ficariam presos no carrinho, era tudo o que eu estava querendo, enquanto nós poderíamos olhar aquelas vitrines, deficitárias ou abarrotadas de coisas pouco atraentes, com absolutamente as mesmas malhas, as mesmas xícaras e as mesmas velas de sempre. Qualquer coisa valia. No meio da rua central, frente a um hotel, entrevimos uma área interna, onde várias crianças brincavam sob os cuidados de recreacionistas: pranchão de desenhos, amarelinha, escorregador, bola de futebol e, ao lado, num avarandado, uma grande mesa posta com pãezinhos variados, chás, bolos, doces e geleias vidradas, aguando nossas bocas. Minhas primas e eu nos entreolhamos e assentimos — é por aqui mesmo. Entre cantigas de roda, canetinhas coloridas e acolchoados no chão, vimos a possibilidade de um recreio para nós também. As garotas entraram na roda e os pequenos, com mimos e gracinhas dos "tios", foram convidados a participar.

— Podemos mesmo deixar, não atrapalham? — perguntamos por mera educação.

— Claro, mães, fiquem tranquilas, temos chá servido ao lado, fiquem à vontade.

Rapidamente, coloquei o de capim cidreira na mamadeira dos meninos... ah, eles precisavam. Logo, todos se enturmaram e nós, depois do lanchinho, fomos andar, para ver aquela bobice de comércio. Sem comprar nada, voltamos alegres e agradecidas por uma horinha sem filhos. Era claro que todo aquele serviço estava disponível para hóspedes, mas como ninguém nos perguntou nada, ficou por isso mesmo. E nós esperamos sair para rir e ouvir das meninas o quanto tinham comido de pão de queijo, geleia e brigadeiro rosa. No carro, parecíamos adolescentes e nos prometemos voltar na tarde seguinte. Aquele sim tinha sido um dia sem trabalheira, que delícia! A criançada toda eufórica no carro, lambuzada, cantando, e nós, por tão pouco, tão pouco, refeitas, com a cabeça quase oca. Éramos pura adrenalina por termos desfrutado do precioso serviço infantil do hotel.

Tínhamos aberto mão do que mais queríamos: o silêncio, o bucolismo, a conversa espichada no café da caseira, servido na varanda em plena serra iluminada de sol do inverno. Logo nos enfurnamos naquela cidadela, com gente aos borbotões saindo sei lá de onde, à cata de quaisquer compras e de doces coloridos em potes de vidro. Dia seguinte, já no desjejum, tratamos de combinar a estratégia. Sim, porque queríamos... evoluir. Deixar as crianças mais cedo na recreação, ir à uma fabriqueta de lãs e tomar o lanche do hotel, mas dessa vez no salão, sentadas, com o serviço à francesa.

Almoçamos cedo para que os pequenos pudessem dormir um pouco e, tão logo acordassem, os enfiaríamos com os outros no carro. Parecíamos um bando de loucas só por causa de um chá num hotel, com uma horinha de trégua daqueles pirralhos.

— Que legal! Vocês voltaram! Hoje temos o tio Dudu, nosso palhacinho, que vai brincar de circo com vocês.

As meninas não se entusiasmaram nem um pouco e fizeram aquela cara de tédio e crítica, mas tiveram de ficar. Os meninos, espantados com a maquiagem do "tio", queriam ir conosco — "essas crianças não vão dar pra trás", pensei.

— Mãe, quero ir no banheiro.

Como negar, se eles estavam em fase de treinamento? Qualquer desavisado sabe como esse período é fundamental para todo o desenvolvimento físico e psíquico da criança. Depois viriam fatalmente os traumas da fase anal, terapia... Ah, não, cogitei, e o levei com uma certa pressa, contrária à toda minha maneira de cuidar desses processos e de ensiná-los. Obra feita, serviço resolvido: "uma mão lava a outra... lava uma mão", musiquinha, beijinho e tchauzinho pro cocô.

Desistimos de comprar qualquer coisa, o tempo urgia para o chá.

Então nos sentamos à mesa central do grande salão, arrumado com toalhas e guardanapos de pano, taças altas, louça um pouco desparelhada. Além de nós, um casal de velhos, e o pianista, cabelo e terno ensebados, tocando o *Tema de Lara*. O garçom empertigado trouxe torradas, queijos, chás, chocolates, sanduichinhos quentes e nós, curiosas, experimentávamos tudo. Depois, a *tarte tatin* — anunciada como a "grande especialidade do chefe"— aceitamos, claro, mas a massa molenga e o sorvete, puro leite com gelo, nos obrigou a pedir um romeu e julieta típico.

Mal terminamos, o garçom nos surpreendeu perguntando qual o número do nosso apartamento. Trocamos olhares as três e dissemos que éramos convidadas de uma prima que estava hospedada ali.

— Pois não, senhoras, qual o apartamento?

— Ah, o número?

Depois de uma grande pausa:

— Não sabemos!

— Não tem problema, qual o nome dela?

Mudas, nos indagávamos e não nos ocorria nem um nome. Num hiato sem-fim, uma delas disse "Sílvia" enquanto eu dizia "Cristina". Ele, atônito, olhava para as três, afinal não tínhamos o *physique* de *rôle* de quem vai dar um golpe. Emendando uma na outra, dissemos: Sílvia Cristina, uma morena alta, do Rio de Janeiro.

À saída, tivemos que morrer com a conta, porque não constava ninguém com esse nome na lista de hóspedes — muito menos alguém do Rio de Janeiro.

— Sinto muito, senhoras.

Pegamos as crianças, que reclamaram do tio Dudu, "um chato que nem era palhaço de verdade", da pipoca, que estava murcha, dos desenhos idiotas que foram obrigados a preencher com canetinhas. Estavam todos mortos de fome e de sede, cansados e ranzinzas. Chegamos à chácara e nos pusemos a preparar suquinho, vitamina, ovo mexido, chocolate para aqueles insaciáveis...

Troca fralda, arma berço, prepara mamadeira, conta historinha, volta pro quarto, troca outra fralda, um sai, outro chora, um grita, quer mais água, tá com medo, perdeu a chupeta, mais um quer xixi, outro também, e quando todos dormiram, nos perguntamos:

— Amanhã, onde encontraremos Sílvia Cristina?

PIQUES

Não costumo fazer a sesta, nem mesmo aos fins de semana. Acho perda de tempo. De mais a mais, além do trabalho, vivo devendo tarefas a mim mesma: arrumação de armário, leituras, projetos, orçamentos. Durmo somente à noite.

Num desses domingos, almoçamos cedo e, já no sofá, lendo o segundo caderno do jornal, me vi naquele embate durmo-não-durmo. Os olhos fechavam, a cabeça pendia, eu me assustava e recomeçava a leitura, desatenta. Então resolvi ceder, por que não me entregar aos apelos do Lete, escorrendo suas gotas sobre minha cabeça? Por que não deixá-lo desmemoriar-me de mim? Era tudo o que eu queria, pedir o *piques*, aquele de quando éramos crianças — um lugar imaginado e combinado ali na hora — para onde íamos exaustos na brincadeira de pega-pega, vendo a algazarra de longe, sabendo que poderia voltar assim que quisesse. Tudo porque vivo sempre no outro *pique*, o oposto desse. Aliás, por que termos iguais para coisas tão diferentes?

Andei pesquisando a importância do sono da tarde, vinte, trinta minutos que sejam, e existe até uma Associação Portuguesa de Amigos da Sesta que preconiza: "O repouso intercalar na atividade laboral conduz à harmonia dos ritmos biológicos, alívio de stress e melhoria da qualidade de vida...". Acho que procede! Com família longeva, todos faziam e fazem a sesta e são muito bem-humorados... mas essa é outra conversa.

Acordei depois de uma hora, sem ter concluído a leitura a que me havia proposto e, ainda preguiçosa, contemplei os filodendros simetricamente esburacados pela natureza. Enquanto me esparramava sob o sol avermelhado que se despedia naquele domingo morno e prolongado, ouvi em estereofônico o canto dos pássaros — tão monocórdico no meu cotidiano. Os lírios do vaso com sua transparência enrugada me convidaram a pensar na finitude da vida. Atendi o telefone, com real interesse pelo chamado.

Depois... bem, acho que comecei a perceber quantas coisas banais venho perdendo, porque estou sempre no *pique*, naquele, não nesse, da infância, da parada no meio do corre-corre, para tomar fôlego, beber água, descansar e avisar o mundo: "Tô no piques".

CADEIRA DE BALANÇO

Era sábado, esperei o sol perfazer sua morte lenta, enquanto uma faixa de luz tracejava o chão gasto do assoalho. No meu quarto, o silêncio pairava contra as vidraças ainda infiltradas de luz alaranjada. Fechei as cortinas, lavadas para a ocasião e, sentando-me frente ao espelho, pintei meus lábios de carmim, borrifei a colônia e fui direto à última gaveta do armário.

Sob o laço de tafetá e os papéis bastante amarelecidos, a camisola de renda, cor da pele, envolvendo o bilhete do primeiro ano de casamento, "*Para sempre teu*". Cuidadosamente a vesti e ela escorregou no meu corpo, já bem mais magro e sem curvas. Olhei o porta-retratos sobre o mármore da penteadeira, com a foto do dia do nosso noivado — meu primeiro beijo! Ah, os brincos das grandes comemorações!

Agora sim. Num brinde a mim, beberiquei alguns goles de Porto. Desabotoei os botões frontais e, com as mãos besuntadas, deslizei-as sobre meus braços num vai e vem, sem pressa, começando a despertá-los. Já com brilho na pele cheguei aos ombros, massageando-os para que cedessem e minha respiração desacelerasse um pouco. Palpei a nuca, soltei o coque e afaguei a cabeça, da raiz às maçãs do rosto, tamborilando-as com vigor. Um novo rouge aflorou na minha face. Continuei descendo pelo pescoço, percorrendo lado a lado as saboneteiras profundas. Outro gole e, com as mãos aquecidas, baixei as alças de cetim para me acarinhar nos seios.

Na cadeira de balanço, recostei-me, e deixei-me embalar acariciando meu colo, estimulando os mamilos até eriçá-los. Recuei... mas havia me prometido. Então fui cedendo à vibração sutil que se iniciava no torso, irradiando-se pelo ventre que começava a arfar involuntariamente. Inspirada, levei as mãos em direção ao púbis, roçando-o com delicadeza mas generosidade; untei os grandes lábios, friccionando-os até ousar os pequenos que se intumesciam a cada toque. Num meneio autônomo dos quadris, meu sexo se lubrificava e se oferecia despudorado aos dedos tímidos. Com o pé, impulsionei o balanceio e, aumentando o ritmo, entreguei-me ao pulsar, retesando e relaxando as pernas, esparramando, cada vez mais, minhas nádegas na palha antiga da cadeira. Cadeira e corpo, um só movimento. Numa onda, velejei em sua encosta, oscilando na lembrança da espuma e do sêmen escorrendo e me lambuzando, enquanto minhas coxas se apertavam uma contra a outra, intensificando a travessia. Naveguei, acelerando para acompanhar a turbulência do redemoinho que dilatava meu prazer num espasmo difuso.

Depois, a lassidão.

Flutuei na calmaria e aportei nos meus oitenta e oito anos.

MONTEZUMA

Gosto de experimentar os pratos escolhidos pelos amigos com quem saio. Todos sabem disso. Já teve um até que me disse que ia pedir um prato bem ruim, só pra não ter que dividir comigo. Exagero ou não, gosto de compartilhar comidinhas. Meus filhos também procuram se esquivar de qualquer coisa que me agrade, para não correrem o risco. Meu marido, ao comandar sua sobremesa, é bastante enfático com o garçom: "Apenas uma colher".

Num aniversário de casamento, escolhi um mil folhas, clássico, já que estávamos em Paris e sabia que todas elas estariam crocantes e não amanhecidas. Mal comecei a degustá-las, uma taça cremosa de figos enfeitada com um favo de baunilha desfila sobre minha cabeça. Senti seu perfume, o mesmo das orquídeas que minha avó cultivava, a partir de uma muda de baunilheira trazida do México. Ela colhia seus pistilos ainda verdes e os mergulhava na água quente para secá-los numa caixa velha de sapato, bem fechada. A *flor negra* ficava a salvo dos insetos e pragas. Depois, completamente desidratada, ia para infusão no álcool, por pelo menos um ano, quando vovó extraía seu miolo e o mantinha pulverizado em açúcar cristal, para aromatizar cafés e polvilhar doces e biscoitinhos para todos nós.

Assim que o manjar pousou na mesa ao lado, não me contive e, desculpando-me pela minha intromissão, perguntei ao vizinho do que se tratava.

— *C'est la crème de l'empereur Montezuma, madame* — e, segundo a explicação —, uma mousse de figos turcos, mel e baunilha, *absolument naturel*.

Que vontade! Fiquei aguada a tal ponto que o casal me ofereceu uma provadinha.

Meu cara-metade arregalou os olhos indagativos e recriminatórios, não acreditando que eu aceitasse tal oferta. Já eu, constrangida, mas muito curiosa, acedi. Afinal, que gentileza e descontração, sobretudo em se tratando de franceses — ulalá!

Como não havia tocado no meu doce, achei que poderia pedir para trocá-lo.

— Não me faça passar vergonha, já não chega ter comido a sobremesa do casal que nem a havia experimentado?

— É que surgiu a chance de provar a baunilha da minha avó! Amanhã de manhã vamos embora e não terei outra oportunidade. E eles foram tão delicados e me surpreenderam tanto, como dizer não?

— Claro, você não tirava os olhos! Se você pedir para trocar, eu me levanto da mesa. Tenha dó, peça outra para você.

— Mas eu não aguento comer as duas, você sabe, e também não quero sair tanto assim da dieta.

— Dieta? Você não parou de comer a viagem inteira e agora, no último dia, vem com esses pruridos? Ah, não, essa é demais! Você não sabe o que quer.

O casal ao lado percebeu que estávamos discutindo e, meio sem graça, acelerou o pedido da conta. Que droga! Justo no nosso último jantar! Estávamos indo tão bem.

O garçom viu que não havíamos ainda mexido em nossos talheres, e perguntou se havia algum problema.

— Por favor, seria possível trocar...

Antes que eu concluísse, meu marido interveio comandando-lhe mais uma sobremesa igual à da mesa ao lado.

Eu ainda esbocei um argumento, mas ele, decidido:

— Você não vai recomeçar, né? Deixe que eu como o seu mil folhas.

— Não é por nada, é apenas porque sei que é um excesso... três doces para duas pessoas?

— Bem, mas como resolver se você quer tanto o terceiro?

— Eu preferiria trocar.

— Isso não existe. Você fez um pedido e lá na cozinha, ainda que a base já esteja pronta, houve um preparo, o creme foi colocado na hora para não perder o frescor, o grafismo com o chocolate, tudo, na hora de ser servido. As comandas são eletrônicas, é todo um procedimento a ser cumprido.

— Eu sei, claro, mas acho que...

Então a terceira sobremesa veio à mesa e, antes que eu começasse a saboreá-la, meu marido me diz que as mil folhas são as melhores que ele já provou. Pelo ruído crocante, sei que não é provocação. Quero experimentá-las também, nada mais justo. Afinal, são as minhas preferidas. Mas, se eu não me apressasse, ele comeria tudo, porque a porção era uma ilhota branca num prato oceânico. Mais um bocado, eu não veria nem a primeira nem a milésima folhinha.

Ao deslizar o tal *crème de l'empereur* sob meu palato, porém, esqueci-me das tais folhas e me reportei às da baunilheira da minha avó, rainha do seu jardim que, com as mãos, plantava, colhia e produzia frutos para seu império, ensinando-nos o degustar o seu favo — a fruta de Montezuma.

À minha lembrança e às colheradas, fomos adocicando aquela discussão e depois, caminhando sobre as pontes de Paris, nos reconciliamos e nos prometemos outras sobremesas.

MANTINHA DE LÃ

Era nossa primeira separação. A quarta-feira chegou rápido! Bagagens e filhas a postos, bebês também. Porque, claro, eu achava importante que eles assistissem à despedida da mais velha. A perua, muda. Nada de partida, nada de nada. Pegar no tranco, nem pensar, a garagem era uma subida. Desloquei as cadeirinhas e fomos para o outro carro. Os semáforos gentis abriam passagem à nossa simples aproximação. Mas, na Vila Madalena, empacamos novamente. O mostrador de gasolina, há dias, havia pifado. O tanque a zero, as crianças a mil.

Decerto os coleguinhas estariam no horário — com mães e lancheiras organizadas — ansiosos pela atividade extraescolar, tudo como se deve. E nós lá, tendo de empurrar meu possante, desobstruir a via, saltar com os quatro, pegar um táxi.

Soltamos o freio de mão e conseguimos estacionar de viés. Mas tínhamos de ir os dois, para conseguir pegar os pequenos no colo. Não havia tempo sequer de desafivelar as cadeirinhas para enfiá-las num táxi.

— Com o taxista, não caberemos num carro só. Você vai só com as meninas, eu espero aqui. Aproveite pra trazer um galão — disse meu marido num tom bastante irritado.

Nenhum táxi na avenida, já movimentada àquela hora da manhã. A viajante, de mão dada, apertada à minha:

— Mamãe, vai dar tempo de chegar?

— Vai, filha, acho que vai... tem que dar.

— Táxi! Táxi! Por favor, vamos à praça da Escola...

Antes que eu passasse um dos gêmeos para o colo do pai, ouso perguntar ao motorista se caberíamos todos

— afinal, era pertinho.

— Ah, sim, claro, são crianças, podem subir.

— Obrigada pela gentileza, senhor.

E, em revanche, digo ao meu cara-metade: "Viu como deu?".

Saltamos e uns pais ainda conversavam tranquilamente no gramado. Alguns se aproximaram, mas, pelo olhar apreensivo e solidário, entendi: os ônibus tinham partido. Então nos entreolhamos e, mortificada, agachei para consolar minha filha. Beijando-a, desculpei-me muito.

— Não vou mais, mamãe?

— Filha...

E antes que eu confirmasse, ouvimos de longe:

— Marina, Marina!

Era Luísa, sua amiga, também atrasada, com o pai, que imediatamente se propôs a encontrar os ônibus na Castelo Branco. Caso não os alcançasse, as levaria ao acampamento. Marina, desenxabida, mas incentivada por nós, aceitou o convite. De longe, pude vê-la no carro, roçando a mantinha de lã de estimação no rosto. Olhares apertados, nos despedimos, os pequenos dando tchauzinho e jogando beijos, com suas minúsculas mãos.

∼

BISCOITO DE VÓ

Sempre tive fama de comilona e gulosa. Tempos atrás, adotei a técnica de esconder uns biscoitinhos feitos pela minha mãe, antiga receita da minha avó, para momentos especiais, visitas inesperadas, fome fora de hora. Embalava pequenas porções, em latas, dispondo-as no armário de comida da cozinha, no buffet da sala e até na minha gaveta de roupa íntima. Tudo muito bem mocozado. Acontece que, em algumas ocasiões, tinha vontade de dividir as tais delícias com todos. Chegávamos da rua, nos esparramávamos no sofá e, junto com a conversinha sobre as alegrias, as conquistas e as mazelas do dia de cada um, nada melhor do que um suco, um café e os biscoitos. Na verdade, muitas vezes, eu já não me lembrava mais onde os tinha colocado e começava a procurá-los, deixando os esconderijos anteriores completamente vulneráveis. Era obrigada a buscar alternativas, a cada nova leva. Num dia me flagrei levando um lote para o fundo da sapateira e percebi que algumas latas, que eu tinha certeza de que não havia tocado ainda, começavam a ficar vazias.

Já preocupada, achei melhor escamotear os lapsos. Bolei, para minha segurança, um roteiro desenhado num papel. Consultava-o a cada investida. Durante um bom tempo, funcionou. As latas iam se esvaziando e eu ia ticando os pontos demarcados. Estava bem cercada, mas os biscoitos continuavam a sumir.

É claro que eu não queria falar disso nem com minha própria sombra. Afinal, uma mãe de família escondendo a comida dos filhos? Mas isso aqui é um deus-nos-acuda, um salve-se-quem-puder! Meus filhos costumam dizer que é preferível comer sem vontade a ter o desprazer de chegar e não encontrar mais nada. Precisava saber quem pegava as guloseimas sem me avisar. Que desrespeito!

Continuei ocultando os biscoitos, fazendo circuitos cada vez mais complexos, criando esconderijos inusitados; até no armarinho do banheiro cheguei a guardá-los. E nem assim eles deixavam de sumir. Pedi para minha mãe parar de trazê-los. Ponto final. Eu já estava constrangida comigo mesma, sem poder confessar a ninguém minha mesquinharia, na minha própria casa!

Um tempo depois, num fim de tarde, convidei meu marido para um café na cozinha. Recém-chegado do trabalho, subia e descia as escadas, abria portas dos armários, gavetas, armarinho do lavabo e falava sozinho: "Não é possível!". Sentamos e ele, com uma cópia do meu roteiro na mão, me apontando, perguntou: "Onde andam essas latas que não foram ticadas ainda"?

∼

ALCEU, SERVIÇOS

Não acredito! Eu me perguntava o que tinha ido fazer naquela espelunca àquela hora da tarde. Não precisava de nenhuma daquelas coisas, mas tenho uma certa compulsão por lojas de parafusos, materiais elétricos, ferragens, desempenadeiras, tornos, cabo de aço, varais. Não consigo resistir. Até mesmo em cidade do interior e fora do país, gosto de ver, perguntar pra que serve, ver a arrumação e disposição nas prateleiras, geralmente imundas.

Numa tarde em que começou a chover forte e eu estava sem guarda-chuva, entrei numa dessas casas com o intuito de esperar desanuviar e aproveitar para fuçar um pouco. A loja era grande e tinha de tudo, um misto de 1,99 com materiais para construção. Nos fundos, um anúncio de *Oportunidades Imperdíveis* no terceiro andar: fios, interruptores, benjamins, extensões e luminárias importadas, com preços da China. Já com uma sacola cheia de tupperware, panos de prato, copo plástico de bico de jaca, frigideirinha pra um ovo só, com tefal, sem tefal, entrei no elevador para conferir as ofertas — lá fora, uma tempestade. No segundo andar, o elevador começou a ratear e, bem no meio, parou.

Bato na porta. Logo percebo que ninguém me ouve e bato mais forte: — Socorro, estou presa! O barulho do temporal encobria meus gritos e as batidas. Em vão, berrei na pequena grade da porta quando percebi que estava entre paredes. Que droga, só me faltava essa! Peguei o celular para ver se encontrava o nome da loja: *Alceu, aos seus serviços*. Tento ligar mas os *serviços*, nem esses, nem aquele, funcionavam — o contato teria de ser de terceiro grau. Tento me aquietar para ouvir um pouco do ruído externo. Com ajuda da luz do celular examino os imprescindíveis panos de prato escolhidos para minha cozinha, mais uma coleção de tupperware, agora com cores diferentes nas tampas, uma para cada tipo de alimento, multidescascador de legumes e boleadores de manteiga e frutas.

É melhor guardar a luz, ao invés de ficar olhando isso tudo. Mas que saco! Ninguém vem aqui? Começo a bater de novo na porta. Empilho as vasilhas e subo nelas para ver alguma coisa no vão da janelinha. E me pergunto o que fui fazer naquele muquifo. Desço do salto, ou melhor, das vasilhas que racharam, e espero que a luz ou um anjo venha me atender. Então começo a me preocupar, porque sei que entrei na loja por volta das seis da tarde e uns bons vinte minutos já se passaram — e se essa merda fecha comigo aqui? Tô ferrada, amanhã, domingo, isso não abre. E foi aí que pintou um certo pânico, que se agravou quando ouvi aquelas pesadas portas de garagem serem fechadas. Ah, não, eu não vou ficar aqui, pelo amor de deus. Empunhei uma colher-de-pau e freneticamente bati, gritando, socorro, socorro estou presa. Só então me ouviram.

— Alguém preso?

— Sim, sim, por favor, há horas estou aqui.

— Um momento, um momento, a senhora está bem?

— Sim, mas quero sair logo

— Calma, senhora! Já vou conseguir.

Inesperadamente, a luz voltou e o elevador subiu um pouquinho e parou no terceiro andar. Desci pela escada e encontrei o funcionário com caixa de ferramentas e lanterna para me salvar.

— Obrigada, que sufoco, quero ir embora, por onde saio?

— A senhora está bem, quer uma água?

— Não, muito obrigada, quero sair, ir pra casa. Ah, nem paguei ainda.

— Ih, o caixa já fechou, não tem como registrar.

— Bem, então deixo tudo aqui.

Já estava achando ótimo me livrar daquelas tralhas.

— A senhora não quer voltar segunda-feira?

Ele está de brincadeira comigo, pensei, mas não quis ofendê-lo, e digo que não posso e não tem problema nenhum, deixo as mercadorias.

— Não temos como cobrar, pode levar, é uma oferta da *Alceu*, afinal a senhora quase passa a noite aqui.

Já sem paciência para argumentar e me achando mesmo merecedora daquelas porcarias todas, aceitei.

Cheguei molhada e lívida em casa e ouvi:

— Mãe, você teve coragem de comprar mais tupperware?

— Não, filho, ganhei.

COLHER DE CHÁ

— Meu deus, quanta porcaria! Por isso que entope, as pessoas não tomam cuidado... Mas o senhor pode continuar, eu estou aqui na salinha ao lado, trabalhando, qualquer coisa me chame, por favor.

Acho que vou escrever sobre a mulher cinza da minha rua. Ela era cinza ou a roupa é que era? Bem, isso não importa, posso usar o cinza como metáfora ou também aquela outra figura de linguagem, a parte pelo todo. Isso, já sei, vou falar metonimicamente dessa mulher que se acinzenta por tudo o que passou na vida! Ou será que ela já nasceu cinza? Aquele tipo que se mistura à paisagem, de tão insignificante que é. Mas, se fosse assim, eu não estaria pensando nela. Ela tem voz bonita, canta, tem uma cabeleira negra e arrasta seu indefectível xale.

— Por favor, a senhora pode dar uma corridinha aqui?
— Sim, pois não.

— Esse entupimento não me parece só da pia, não. Está dando retorno no ralo do tanque; pode ser o esgoto.
— Ah, não, seu Manuel, será? Que abacaxi!

Sento e volto a pensar na mulher do meu texto.

E se ela começar jovem bonita, cheia de vida e for ficando cinza, sem viço, porque perdeu o namorado de tantos anos que se casou com outra? Tema recorrente, mas que pode dar um bom caldo, trazendo toda a minha nostalgia da rua e do bairro em que morei, os beijos fortuitos nas rodas de "pera-uva-maçã", a promessa dos namoricos com aqueles que eram escoteiros em seus uniformes e apitos, e ela como uma aparição constante, trazendo um quê de dramaticidade a esses folguedos. Pode ser um bom caminho.

Atendo o interfone: entrega do sacolão.

— Bom dia, vamos colocando aqui que eu já vou conferir: um espinafre, duas alfaces americanas, duas pencas de banana. Nossa! O tomate está horrível... eu pedi o Débora.

— Só tinha esse, o Carmen, mas qualquer coisa a senhora pode ligar lá e reclamar com o patrão.

— É que estou no meio de um trabalho, se o senhor puder falar com ele e trazer outros melhores, agradeço.

— Dona, vou falar pra senhora... essas coisas, é melhor a senhora mesmo resolver com ele, ele é enjoado que só, e já tem muita gente chiando, não é só a senhora, não. Tá ruim e caro.

— Não tem problema, o senhor leva de volta, eu já abato aqui no pagamento.

— Ah, também não pode, porque a nota já está feita e tenho que receber integral: são as ordens.

— Tudo bem, leva de volta, eu pago certinho e você me traz outro tomate amanhã.

— Num sei não, dona, porque amanhã a gente nem vem pra esses lados.

— Depois de amanhã, então?

— Olha, eu vou ligar, a senhora fala com ele agora.

— Não, não, agora estou atrapalhada, depois eu falo.

— Seu Chico, eu tô aqui fazendo a entrega, e a mulher tá reclamando do tomate, falou que tá ruim, quer que o senhor mande outro, ainda hoje. É, eu já disse, mas ela não quer esse, de jeito nenhum.

— Por favor, me dê o telefone.

— Bom dia, seu Chico o tomate está muito feio e verde, eu pedi para molho.

— Veja bem, dona...

Ah! Não... lá vem ele, essa coisa vai se estender, e que raio eu estou preocupada com molho nessa hora?

— Desculpe, seu José, está tocando meu celular, depois nos falamos...

— Ué, tocou seu telefone? — pergunta o entregador, arrematando que eu tinha bom ouvido.

— Tocou, mas acho que já parou. Tudo bem, deixa o tomate, eu espero amadurecer pra outra semana. Obrigada, está aqui o cheque.

Imediatamente penso um nome para a mulher de cinza: Carmen, por associação imediata com os tomates, não por se assemelhar à heroína trágica. Embora esta também cantasse. Cantava na vila... Às vezes nos assustava, ficávamos perplexos com sua figura, cabelos desgrenhados, olheiras profanas; tocava em nossas mãos, afirmando poder ler a nossa sorte. Previa que o Zezinho seria o homem da minha vida.

O interfone anuncia o serviço de desratização.

"Ah, não, só me faltava essa!"

— É, tivemos problemas na semana passada, dois ratos mortos aqui no jardim. Na verdade, um inchado, gordo, dentro da piscina... devia estar grávido de nove meses.

O funcionário me olha, espantado, e eu insisto:

— Não seria possível passar uma ordem aos comensais de suas pastilhas, dizendo: "É proibido entrar na piscina"? Algumas regras devem ser respeitadas, o senhor não acha? Falando sério, por favor, dê um jeito, porque eu quase enfartei ao ver o bicho lá. Já tinha mergulhado!

— É, minha senhora, aqui, ao lado da feira e do estádio, dia seguinte de jogo, tem muito resto de comida. Já num apartamento, seria mais tranquilo. Nunca pensou?

— Ah, não...

— E também com esse calor, eles vêm atrás de água.
— Bem, todos nós estamos atrás de água nesses tempos! Mas, por favor, podem fazer a vistoria enquanto vou trabalhando.
— Olha, dona, uma coîsa que atrai muito também são essas suas trepadeiras, verdadeiras escadas de rato pelo jardim todo. A senhora precisaria cortar ou arrancar todas, porque eles adoram andar por aí, facilita muito, casa velha...
— Mas, meu senhor, sabe quantos anos levei para conseguir tudo isso? Nós adoramos plantas e assim, em flor.
— Não, claro, eu só estou falando o que eles gostam, né, mas a decisão é sua. Mas veja que bom, eles comeram todas as iscas, está dando certo.
Meu deus, isso é dar certo? Ratos entraram aqui e fizeram um banquete. Bem feito! Deram com os burros n' água. Era tudo veneno.

Volto à Carmen que gostava de flanar, chegando nada cinza, boca vermelha, e se fazia anunciar, finzinho de tarde, por um sonoro bater de tamancos no meio-fio, abrindo seu xale colorido.

— Mãe, me dá uma carona até o metrô, tô super-
-atrasado
— É brincadeira! Filho: o encanador tá na cozinha, a maior bagunça, e eu tô escrevendo.
— É rapidinho, mãe, só até ali em cima.

Na volta da estação, no carro ainda, continuo pensando em Carmen, que se aproximava das crianças porque na verdade era sozinha, veio recém-nascida, adotada por uma família que fugia da gripe espanhola. No celular, meu outro filho me pede para buscá-lo no veterinário: diagnóstico de tumor na pata do Juca. Nenhum táxi quer pegá-los; claro, "transportam gente", eu lhe disse. Lembrei-me do estofamento forrado de pelos por uma semana, em outra ida à clínica. Fazer o quê? Ser acusada de desalmada? Além da notícia, mais quinhentos reais entre consulta, exame de sangue e imagem para esse diagnóstico, que... era só o que faltava!

Chegando em casa, o encanador se aproxima, dizendo:
— Dona, uma colher de chá!
— Pra mim? Estou precisando mesmo.
— Não, não, ela estava aqui no sifão, entortou. Por isso entupiu. A senhora não gostaria de colocar um triturador, para evitar esse tipo de problema?
— Pra recuperar faqueiros retorcidos? Não, seu Manuel, obrigada, prefiro fazer um trabalho de educação aqui em casa e ensinar a todos que lixo é no lixo e talheres, na gaveta.

De volta à Carmen, a mulher cinza.
Não, em cinzas estou eu.

ESTREIA

— Mas por que você não retira as duas de uma vez?
— Você tá louco! O câncer não está numa só?
— Sim, mas você fica livre dele, garantida em noventa por cento contra uma recidiva, não precisa fazer radioterapia, e tampouco tomar o hormônio por cinco anos.

A proposta era tentadora, mas extirpar as duas mamas? A despeito da possibilidade de cura, embarguei ao me lembrar do prazer das amamentações das meninas, dos gêmeos, juntos, apenas seus olhinhos assanhados, e os seios apreendidos em suas mãos. Sabia que a função de aleitamento tinha acabado, não teria outros filhos, mais um pouco entraria na menopausa. Mas e a representação do feminino no meu corpo e no meu imaginário? Em segundos, voltei ao despontar dos bicos, à dor intumescida da pré-menstruação e ao colo sensual, fonte de prazer, ao simples roçar à hora do sexo. Tudo se esboroando ali, na proposta da medicina de ponta, junto ao acenar de próteses assépticas, colocadas na mesma cirurgia, sem que eu tivesse a visão do corpo mutilado.

De volta para casa, no carro, sozinha, chorei. Não queria que soubessem, nem mãe nem filhos. Como arrancar a outra que está boa? Insensíveis, não sabem nada de mulher! Cabe a mim resolver!

Sempre fui afeiçoada à minha matriz e nela fui talhando a minha história. Preferia as minhas muxibinhas, caídas num corpo magro, mas ágil para truques de luz e manobras à hora do sexo, aos não sei quantos mililitros injetados nas tetas. Mas nada disso agora importava. Poucas horas antes da cirurgia, a decisão: vou retirar as duas, e ai de vocês se colocarem mais do que cento e cinquenta mililitros; mato todos.

Na sala gelada, máscaras, mãos e pés enluvados monitoraram a morte instantânea. Apaguei.

Em casa, o novo corpo.

Como perscrutá-lo? Até que ponto podia confiar naquele desenho tão mentiroso? Um busto inventado que não revelava o meu antigo regaço. Uma outra!

À noite, na vigília, vinham à tona caranguejos com suas pinças articuladas escalando paredes, enquanto camarões transparentes e hipocampos graciosos dançavam no plâncton do meu quarto. Um verdadeiro habitat de luminescências. De manhã, no espelho, a imagem jovial me ajudava a dissipar os terrores noturnos, obrigando-me a atender às demandas do cotidiano e do trabalho.

Próteses e musculatura acomodadas, a pele cedia e ampliava seu raio de sensibilidade. Então, aprendendo a me reconhecer, afeiçoei-me a mim. Esqueci-me dos percalços e, acolhendo meus novos seios, fomos, meu marido e eu, estreá-los sob o sal e o sol do Rio de Janeiro.

∽

ALL'IMPROVVISO

Assim que cheguei a Buenos Aires, telefonei para meus amigos brasileiros, produtores culturais em estadia por lá. Marcamos encontro num apartamento na avenida Alvear, onde estariam reunidos com um tal Echeverría. Jeans, paletó e bota para o frio, tomei um táxi e fui. Ao chegar, percebi que o edifício tinha uma suntuosidade pela qual eu não esperava. Porta de madeira maciça, hall de mármore rosa, arquitetura *art nouveau*, totalmente preservada sob abóbada de vitral colorido. Um porteiro paramentado à altura pediu-me a identidade. Disse-lhe que era do Brasil e que meus amigos já deviam estar me esperando. Anunciaram-me e subi. Com a porta aberta, adentrei a antessala e fui logo recebida por uma senhora muito elegante, que me pareceu ser a anfitriã. Apresentei-me e vi que estava completamente inapropriada para a ocasião. Mulheres com longos e homens de terno.

"Do que se trata?", perguntei-me.

Constrangida por não avistar meus amigos, estendi a mão a um grupo de pessoas que se encontrava em pé. Algumas me olhavam de soslaio. Não sabia se me desculpava pelos trajes ou se encarnava a excêntrica. Perguntei pelo senhor Echeverría e soube que não havia ninguém com esse *apellido*, mas que poderia chegar. Tentava recuperar o primeiro nome, mas não me vinha à lembrança. "Por que não anotei?"

Andando em direção ao terraço aberto, vi que era uma bonita cobertura, sobre a praça, com vista de cento e oitenta graus. Procura que procura, e não vejo nenhum dos meus amigos. Comecei a me inquietar e me aproximei de um casal perguntando a eles se conheciam Echeverría, Cardoso ou Monteiro. Disseram que não, mas sabiam que um voo do Chile estava atrasado e que, portanto, os três ainda poderiam chegar.

Mas que raio de evento é esse? Deve haver algum engano. Meu celular não pegava na cidade desde a hora em que cheguei e não queria, além de tudo, pedir para usar o telefone da casa ou de alguém para um interurbano. Ao meu lado, um grupo de bonitões falava francês, mais à frente outros, espanhol, percebi pelo sotaque. E eu muda, sem conseguir dizer uma palavra, engolindo o terceiro champagne que o garçom insistia em me dar.

Brasileiro, nenhum, só eu.

Alguém então comentou que o voo do Chile finalmente tinha chegado. Resolvi esperar pelos retardatários, mas por quê, se sei que nenhum dos meus estaria no tal voo? Porque sou louca e já estava ficando desconcertada com a situação. Bom, mas o tal Echeverría poderia chegar... e eu teria alguma pista.

Não, o melhor é eu falar diretamente com a dona da casa. Ao me aproximar, ela logo me interrompeu, dizendo que passaríamos *al comedor* naquele instante. Tentei me esquivar, mas seu marido se aproximou e disse que eu não sairia de lá *sin cenar con todos*, que seria uma ofensa. Conduziram-me com os outros convivas a um grande salão, onde uma mesa posta à francesa nos esperava, com lugares marcados e — para o meu espanto — o meu também, num manuscrito improvisado.

Dei-me conta de que se tratava de uma festa para embaixadores de vários países, nos indicadores constavam o nome e a embaixada. O meu vinha só: Señora Alves.

Meu Deus, essas criaturas não chegam, que história é essa?

Um italiano, vizinho de assento, *signore* Corsini, logo puxou conversa, talvez no afã de me deixar à vontade. Disse que adorava meu país, a música de Caymmi e que sem dúvida moraria no Rio de Janeiro ou na Bahia.

Sob o efeito do álcool, sobretudo dos encorpados argentinos, eu falava ora com o embaixador da França, ora com o da Itália, que me ladeavam. Contava-lhes que talvez tivesse havido um mal-entendido entre meus amigos e eu, ao que o francês retrucava:

— *Mais non, madame...* Existe uma *raison* intrínseca ao acaso. Portanto, brindemos à *cette raison*.

Enquanto isso, o italiano, rindo, dizia:

— *La vita è l'arte dell'improvviso!*

E, levantando o copo:

— *Brindiammo all'improvviso...*

Confesso que já estava gostando, e muito, de toda aquela história, e a verdade é que, queiramos ou não, o Brasil e seu exotismo exercem um fascínio sobre os estrangeiros.

Não é que o senhor Léaud, da França, à minha direita, era um apaixonado pela flora brasileira e tinha algumas espécies dela em seu jardim de inverno em Paris, com temperatura, umidade e luz adequadas para elas o ano todo? Falou-me do sombrite sobre o vidro, que à época do inverno era removido, para que a escassa claridade da estação entrasse e a artificial se acendesse.

— *Cést incroyable, madame!* — ele exclamou quando lhe disse que eu era paisagista e, enfatizando, *alors* um brinde *à la raison*. Eu sempre quis ter um projeto *brésilien, chez moi,* gostaria de ter outras tropicais no meu *jardin,* de aumentá-lo somente com *bromeliás, heliconís, marrantás...* E foi desfilando em português, com sotaque bastante carregado, várias outras plantas. Percebi que ele realmente conhecia, até pelos nomes populares, nossas espécies. Com orgulho, abriu o celular e me mostrou fotos de seu gazebo com nossos filodendros percorrendo boa parte das paredes.

Depois da sobremesa, todos foram convidados a dançar ao som do trio que acompanhou o jantar e pensei comigo: essa é a melhor hora para ir embora. Ensaiei minha despedida. *No tabuleiro da baiana* começou a ser interpretado pelo conjunto. E, como se não bastasse, o *signore* Corsini me tirou para dançar. Eu, de botas e camiseta, naquela requintada sala, fui *all'improvviso*, fazendo uns passinhos de samba, querendo me exibir. Quando estava configurando o tabuleiro nas minhas mãos tive certeza de que estava mais do que na hora de ir embora.

Agradecendo aos meus caríssimos companheiros de mesa e aos anfitriões, tão sinceramente gentis, despedi-me deixando meu cartão e desejando de alguma maneira retribuir toda aquela hospitalidade.

De volta ao hotel, ao pagar o táxi, encontro na carteira o endereço ao qual deveria ter ido, Alvear 1640. Devo ter saído do 1064... ou seria 1046?

Agradecimentos
A Áurea, Lizandra, Raquel e Milton

Gílson Rampazzo, suas aulas e meu grupo do Lasar Segall, Caio de Andrade, Conxô, Cris Bueno, Karê de Andrade, Regina Gulla, Rogério Sawaya, Fernando Cardoso, Roberto Monteiro, André Mattar, Carolina Ambrogini, Cláudia Mello

E à Regina Wey, por todos os motivos

SOBRE A AUTORA

LAURA LOSCALZO

Célia Alves é uma inventora, no sentido mais original da palavra. Curiosa por natureza, não se prende a um único suporte para materializar seus inventos. Formada em Letras, já trabalhou com teatro, inventou performances, partiu para arranjos florais, tornou-se paisagista e criou gravuras, poemas e livros de artista. "O que vou dizer em casa?" é seu primeiro livro de crônicas — mais uma invenção que tem o olhar fresco e jovial que sua autora imprime a tudo que faz.

Este livro foi composto no estúdio Entrelinha Design com as tipografias Minion e Bebas e impresso em papel pólen bold 90 g em maio de 2015.